图书在版编目(CIP)数据

唐代奇相李泌 / 宁欣著. — 郑州 : 河南人民出版社, 2019. 12(2024. 5 重印)
("通古察今"系列丛书)
ISBN 978 - 7 - 215 - 12016 - 7

Ⅰ. ①唐… Ⅱ. ①宁… Ⅲ. ①李泌(722 - 789) - 传记 Ⅳ. ①K827 = 42

中国版本图书馆 CIP 数据核字(2019)第 270907 号

河南人民出版社出版发行
(地址:郑州市郑东新区祥盛街 27 号 邮政编码:450016 电话:0371 - 65788072)
新华书店经销 永清县晔盛亚胶印有限公司印刷
开本 787 毫米×1092 毫米 1/32 印张 4.875
字数 68 千字
2019 年 12 月第 1 版 2024 年 5 月第 4 次印刷

定价: 52.00 元

序　言

在北京师范大学的百余年发展历程中，历史学科始终占有重要地位。经过几代人的不懈努力，今天的北京师范大学历史学院业已成为史学研究的重要基地，是国家首批博士学位一级学科授予权单位，拥有国家重点学科、博士后流动站、教育部人文社会科学重点研究基地等一系列学术平台，综合实力居全国高校历史学科前列。目前被列入国家一流大学一流学科建设行列，正在向世界一流学科迈进。在教学方面，历史学院的课程改革、教材编纂、教书育人，都取得了显著的成绩，曾荣获国家教学改革成果一等奖。在科学研究方面，同样取得了令人瞩目的成就，在出版了由白寿彝教授任总主编、被学术界誉为“20世纪中国史学的压轴之作”的多卷本《中国通史》后，一批底蕴深厚、质量高超的学术论著相继问世，如八卷本《中国文化发展史》、二十卷本“中国古代社会和政治研究丛书”、三卷本《清代理学史》、五卷本《历史文化认同与中国统一多民族国家》、二十三卷本《陈垣全集》，以及《历史视野下的中华民族精神》《中西古代历史、史学与理论比较研究》《上博简〈诗论〉研究》等，这些著作皆声誉卓著，在学界产生较大影响，得到同行普遍好评。

除上述著作外，历史学院的教师们潜心学术，以探索精神攻关，又陆续取得了众多具有原创性的成果，在历史学各分支学科的研究上连创佳绩，始终处在学科前沿。为了集中展示历史学院的这些探索性成果，我们组织编写了这套“通古察今”系列丛书。丛书所收著作多以问题为导向，集中解决古今中外历史上值得关注的重要学术问题，篇幅虽小，然问题意识明显，学术视野尤为开阔。希冀它的出版，在促进北京师范大学历史学科更好发展的同时，为学术界乃至全社会贡献一批真正立得住的学术佳作。

当然，作为探索性的系列丛书，不成熟乃至疏漏之处在所难免，还望学界同人不吝赐教。

北京师范大学历史学院
北京师范大学史学理论与史学史研究中心
北京师范大学“通古察今”系列丛书编辑委员会
2019 年 1 月

目　录

引 子

大唐高祖太宗开辟宏基伟业，谋臣如云，猛将如雨，天子雄略，文人倜傥，山河锦绣。不想公元 712 年，三郎天子（玄宗）登基后，虽不乏文才武略，却未斩柔肠万转，儿女情长，春秋年华几度，随即坠入温柔之乡，与倾国倾城的绝代佳丽杨贵妃如胶似漆，春宵苦短。自此朝政不理，奸臣当道。藩将安禄山、史思明拥重兵防御北边，驻屯范阳（今北京），羽翼丰满，遂兴叛师，势如破竹，直捣洛阳（东都）、长安（西京），大唐赫赫国运猝然中衰，玄宗仓促间奔蜀，马嵬驿贵妃香消玉殒，群臣各奔东西，士人流寓四方，众生众貌衬托出沧桑巨变、世态炎凉。倥偬之际，太子李亨北上灵武（今宁夏），宣布即皇帝位（肃宗）后做的第一件事，便是令使臣四处寻访李泌（bì），促令赴行在。

好不容易，使臣在衡山深处访得李泌仙踪，不料李泌早已算定、整装待发了，遂冒难奔驰，急趋灵武。肃宗一见，龙颜大悦，延入卧内，促膝作长夜之谈，不觉东方破晓，雄鸡高啼。此后，李泌三佐人主，三遁名山，朝野双栖，几起几落，为后人留下一段富有传奇色彩的经历。

一、僧异语奇　灵秀出世

大唐素有四尚：尚人物、尚冠冕、尚婚娅、尚门第。凡身怀绝学、官至清贵、婚配名门、荫绪隆望者，皆受世人仰慕。

李泌家世非细族孤门。六世祖李弼，生逢北魏末年（公元6世纪初），乱世方显英雄本色。他少有大志，勇力过人。遭遇兵锋矢突之际，曾慨然对亲朋好友说："大丈夫生在世，应当履兵锋，平群寇，以此博取功名，岂能仍旧像太平之年碌碌无为，一步一阶求做官进身之道？"于是奋然投军，无坚不摧，以功封爵，威震敌胆。敌将失色，都说："千万别与李将军正面交锋，此人锐不可当。"一次两军对阵，李弼身先士卒，身受七处重伤，昏厥落马，为敌军俘获。他略为苏醒时，用眼角余光伺知旁边踱来一匹战马，忽然一个旱地拔葱，飞身跃上马背，冲出敌营，疾驰而归。李弼性情沉雅，公而忘私，朝受君命，夕便出征，无暇顾及家小，功勋屡建，终成一代名将。子孙皆因此而位至清贵，虽也出过几个文才武勇，但庸碌者居多，显世扬名者更是寥若晨星。李弼临终前，曾执诸子孙手叹曰："光大我李家门者，不知属谁？"后溘然长逝。

且说李氏传到六代孙承休，虽门风不替，地望清隆，但因无人撑门立户，只有寡母一人持家，难免有家道中落的衰颓景象。承休生逢大唐盛世，于是寒窗苦读，不想举场连连失意，龙门无望，只得以门荫叙阶，博得河南道一任吴房县令。虽已过不惑之年，但仍不言婚娶之事。老母几番催促，并亲自物色几个贤女子，或大家闺秀，或小家碧玉，皆知书达礼，承休却均感不如意。一晃四年，承休任期已满，遂迁到唐州（治今河南泌阳），择一山清水秀处，购得一处庄宅，安顿下来。

李母意甚悻悻，于是步行数十里，亲登天台山（今河南境内）参拜，以求神谕。但见天台山中古柏苍劲，群峦积翠，天河九曲，林深径幽。还未寻见庙、烧得香，暂在一处山涧旁小憩时，一位老者飘然而至。只见他鹤发童颜，仙风道骨，一袭长衫，三缕银须，吟道："泗上僧，山中相；泌水清，百弓冒。"又说道："李氏有后，不争朝夕。"说罢，飘然而去。李母惊愕之余，百思不得其解，只好蹒跚而归，不再语及娶媳之事。

再说这唐州西北一百五十里即为豫州城，为古时中州之地，人杰地灵。两汉以来，多少名门士族、缙绅之家发轫于此。传说辅佐汉室刘皇叔的诸葛孔明曾潜龙于此，纵观天下，阖捭三分。豫州城郊有一户周姓人家，虽代无显宦，但书香继世，家道殷实。唯周夫人五胎均为公子，直到第六胎才喜得一女，乳名芳儿，合家欢悦，娇宠万分。芳儿长到三岁时，已聪慧异常，善解人意。传说有一日，芳儿正在院宅门外玩耍时，官道上风尘仆仆走来一个僧人，袈裟褴褛，面目怪异，僧杖浑圆剔透，托钵残破不堪，僧靴一长一短、一大一小，疲惫羸弱，似乎饥乏难耐。但当他瞥见芳儿，霎时，双目如炬，脚底生风，满面生辉，疾奔而来。周氏一见，欲抱起芳儿转身入宅。不料芳儿却拉住周氏之手，坚持不动，凝眸注视着异僧，毫无惧色，似若有所待。异僧奔至芳儿面前，并不急于开口，只是细细打量一番，露出惊异神色，对周氏说："我乃泗上僧，大唐五十年后国难当头，需山中相匡救黎民、压邪扶正。此女慎勿随意嫁人，当归李氏之不惑者。命中有三子，最小者，慎勿穿紫衣，当起家卿相，师友帝王，富贵不可知。”周氏听罢，懵懵懂懂忐忑不安，不知是福是祸。芳儿却似心有灵犀，微微颔首。

芳儿及笄时，端庄秀丽，贤淑知礼。远近慕名求婚者纷至沓来，独未有李姓者。数年后，终于有两位李公子前来求婚，一为将军之后，伟岸英俊，一为商贾之子，风流俊秀。周氏一见，十分中意，便劝女儿，休要听那异僧妄语，速从二人中择一佳婿，早日完婚，了却父母心事。芳儿却坚辞不允，表示，若不从僧语，则宁愿不嫁。父母亦无可奈何。

承休老母年届八十，承休也近不惑之年（古人称四十岁为不惑）。老母见承休仍未成家立业，心内如焚，遂决定再登天台山，寻访上次奇遇之老者。不想进山后，遍访不见，承休百般劝慰，老母方肯下山。路遇周氏一家也从山上祈愿毕，还家途中。小芳坐在轿中，忽觉心中一动，随手掀起轿帘，正与旁边策马而过的承休四目相视，不禁嫣然一笑。只这一笑，承休但觉凡心奔突，魂魄俱摄，呆立半晌，方收回魂魄，定下神来。遂向路人打听，得知轿内乃周氏未聘之女。回家后，禀报母亲，正式向周家求婚。

周家人见承休，边幅不修，体貌平平，但眉宇间英气微露，举止不卑不亢，生辰八字正与芳儿合称，又年届四十，遂有应许之意，但不知芳儿心思，特遣人至内宅询问。不想芳儿毫无犹豫之色，一口答应。于是，择个吉日，承休将芳儿娶至李家。李母自上天台山回来后，又急又累，染疾卧床。芳儿一进家门，李母病体竟然痊愈，一家欢喜。

周氏婚后，先生二子。每至生产之时，总感腰背酸楚，疲乏至极。唯独怀第三胎时，传说已近三周年，胎儿在母腹中仍了无声息，安然不动。别人都以为是不祥之兆，周氏却胸有成竹，知第三子不比凡人，须在母体中酝酿灵气，方可有惊世骇俗之举。一天夜晚，周氏梦见一道者，手执金丹一粒，抛掷入周氏口中，不由惊醒，只见一浑圆通红的肉胎卧于身侧，原来腹内胎儿不知何时已降临人间。但见此儿长发至眉，目如秋水，不哭不闹，沉稳有余，若有所思。一见周氏醒来，似有千言万语，只化作微微一笑。周氏神清气爽，全无疲乏之感。

李家因周氏娩此儿时顺利无恙，乳名遂唤顺儿。因家居泌水（泌水流经今河南泌阳、唐河县两县）之阳，天台山长者曾言“泌水清，百弓强”，又因异僧曾对周氏言其“上应星宿，下济长源”，故单名一个泌字，字长源。有卜者为李泌相面后说：“此儿晚语，语必惊人。大器晚成，成必卿相。”

二、动静方圆　逞才遂意

李泌生三年，三年不语。急煞合家老小，求医问药，占卜打卦，烧香敬佛，访仙寻道，诸法用尽，仍是不开金口。忽一日，自入承休书房，从架上取下一册《吕氏春秋》，一览即诵，字正腔圆，清脆悦耳，掷地有声。承休待他诵罢，揽入怀中，抚其头说："令李家有后，门第生辉，必是此儿。"遂精心调教。

李泌年方总角（六至七岁），已能缀文，诸子百家之书，每日诵读不辍，尤爱黄老之术，"三易"之书。承休姐嫁与员半千之子，姐弟二人俱举家迁往长安，比邻而居。

员半千本名员余庆，少素有大志，研习《易经》《老子》，自视甚高。唐初名将王义方见而奇之，对他说："古人云五百年出一贤者，君当而无愧。"余庆遂改名半千，以明己志。太宗皇帝（李世民）驾崩后，高宗皇帝（李治）即位，征召天下英才，各举己能。应举者云集京师。高宗临殿问众举子："兵家有三阵，所指何事？"众人还未想好应对之语，半千已趋步上前，对道："臣闻，古人云星宿孤虚，此谓天阵；山川向背，此谓地阵；军队密集，此谓人阵。其实不然，师以义出，若沛然降雨，得天之时，应为天阵；足食省费，耕战结合，得地之利，应为地阵；教习三军将士，如子弟从父兄，得人之和，应为人阵。若无此三阵，如何能克敌制胜？"半千历事五君，但因直言，往往得罪权贵，官位不显。晚年乐山水自放，寄情于大自然。

李、员二家互慕门风，遂结秦晋之好。半千之孙单名一个俶字，极富灵气，活泼好动，与承休子泌结伴读书，每遇书中有难解之义或不明之事，员俶总是抢先发表见解，而李泌总是先沉思片刻，开口时，往往一语中的。二人互有裨益，学问日长。

玄宗皇帝（李隆基），开元盛世，气象万千，歌舞升平。这位天子可谓天下第一风流天子，不仅能文会诗，且通音律，善歌舞，吹拉弹唱无一不精。又极重名士，拔举神童，这才有李泌与玄宗的一段君臣缘分。

长安城乃天下第一名都，西汉高祖刘邦、隋朝文帝杨坚，均建都于此。传说杨坚选择都址时，久决不下。一日，登上终南山，路遇一失明道士，遂向他打问都址。这道士不语，只飞身疾步登上山顶，杨坚随之上山，放眼远望，道士徐徐说道："关中之地，乃居'八百里秦川'之中，渭水流域，良田沃野。昔秦始皇由此兴霸，一扫六合，统一六国，完成帝业。关中周围有渭、泾、沣、涝、潏、滈、浐、灞八条河流。渭水南岸又从东到西依次崛起白鹿、乐游、凤栖、鸿固、少陵、细柳、毕等丘原，正为藏龙卧虎之地。若择帝都，非此莫属。"杨坚欲再求其详，道士已转身拂袖而去，只见袖筒中一张黄纸飘落地下，杨坚俯身拾起，纸中书有"八水绕长安，八原昌大兴"十个字。文帝遂决定建都关中，命著名建筑大师宇文恺督造，取名"大兴"城。宇文恺勘查选址，定在关中龙首原南。设计方案呈上后，文帝隐约有不安之感，又不解其故。当夜，梦见一条真龙从天而降，落在白鹿原汉文帝墓前，因枯渴而挣扎不已。猛然惊醒，连夜召宇文恺入宫，修改设计方案。由于取址时选择的地势较高，因而全城无水，故有渴龙受困之梦兆。为解决此一缺憾，宇文恺遂发两万民夫在城东南角地势略低洼处，挖掘成一人工湖，因其形屈曲蜿折，文帝欣然命名为曲江池。不曾想，隋运短促，数十年后即被唐朝取代。唐以“长安”二字名都，取长治久安之意，延续了近三百年。

唐开国皇帝觉大兴城尚不完善，又在此基础上扩建长安城。长安城建成后，果然不同凡响。全城为长方形，南北长八千六百五十一米，东西长九千七百二十一米，城周共长三十六点七千米，面积约八十四平方千米，约为今日西安城（明故城）面积的十倍。

全城分为宫城、皇城、郭城三部分。宫城是宫殿区，皇城为官署区，位于城北正中。北城墙外与宫城相邻辟为皇家禁苑。郭城内由南北十一条大街和东西十四条大街将城区分割为规制严整的一百一十个坊，为居民区。中间的南北大街名朱雀街，因直达皇城的朱雀门而得名，宽为一百五十五米。皇城和宫城之间有一条宽约四百四十米的东西大街，即承天门街。其余横竖街道各宽八十到一百二十米不等。又在东北角兴建了大明宫，遂使长方形的城郭向东北凸出了一角。由玄武门出入禁苑。

外郭城“前直子午谷，后枕龙首山，左临灞岸，右抵沣水”。城垣东、西、南三侧，各对称地辟有三个城门，南垣三门从西到东依次为安化、明德、启夏；西垣三门从北到南依次为开远、金光、延平；东垣三门依次为通化、春明、延兴。南正中明德门一门五洞，洞宽六点五米，其余各门都为三洞。

坊为住宅区，全部向内开门，呈封闭式结构。每坊四面各开一门，启闭统一，入夜鸣鼓。

又在东、西辟二商业区，各占两坊之地。市内街道呈井字形，宽约三十米。依令，午时击鼓三百，开市，夕阳西沉，鸣钲三百，闭市。每至天明，街鼓擂动，城门坊门开启，日暮擂鼓，城门坊门关闭，行人禁止夜行。

城内街道旁，广植槐、柳，又街面中高侧低，道旁有宽数米的排水沟，故道路维护有方。

当时边关静谧，武将闲极无聊，斗鸡走马，蹋毬击剑，文人则唱酬应和，高谈阔论。偏这谈论中，信奉不一，生出无数事端。

自汉以来，中国便有儒、道、佛三家，争议不休，各不相让。到唐时都已信徒众多，香火旺盛，更势同水火。玄宗皇帝雍容大度，兼容并蓄，尊儒，崇道，又不抑佛，经常召三教设座讲谈，各抒其旨，但并不裁决高下优劣。

开元十六年（公元727年）适逢上巳（农历三月三日）节，时玄宗与武惠妃情意正浓，兴致极高，遂往曲江池游宴赏玩。曲江池乃为长安城第一胜地，共占地四十八亩，池边亭台楼阁相映成辉。岸边广植芙蓉，每到花开时节，蜂飞蝶舞，火红一片，湖面上笙歌画船。每年逢上巳、七夕、重阳，皇帝都要携后妃率百官来此游赏。为出行之便，特沿城门东墙修一条复道，从宫城直通曲江池。复道修高墙与市区隔断，内中动静，外人无从知晓。每年春榜放后，新科进士也在曲江池宴集，共贺平步青云、金榜题名。有时皇帝兴起，下令开园，于是黎民百姓蜂拥而至，士子、淑女、商贩、胡贾、手艺人、四方游客，一时毕集，人如潮涌。有唐代大诗人杜甫《丽人行》一诗为证：

三月三日天气新，长安水边多丽人。
态浓意远淑且真，肌理细腻骨肉匀。
绣罗衣裳照莫春，蹙金孔雀银麒麟。
头上何所有？翠微㔩叶垂鬓唇。
背后何所见？珠压腰衱稳称身。

就中云幕椒房亲，赐名大国虢与秦。
紫驼之峰出翠釜，水精之盘行素鳞。
犀箸厌饫久未下，鸾刀缕切空纷纶。
黄门飞鞚不动尘，御厨络绎送八珍。
箫鼓哀吟感鬼神，宾从杂遝实要津。
后来鞍马何逡巡，当轩下马入锦茵。
杨花雪落覆白苹，青鸟飞去衔红巾。
炙手可热势绝伦，慎莫近前丞相嗔。

真乃一派“万民同乐”的太平景象。

这年玄宗游赏曲江，大宴群臣。侍宴之臣文武荟萃，三教齐集。有一代儒宗张说（yuè），他前后三秉大政，掌文学之任凡三十年，文章俊丽，用思精密，朝廷诏敕，皆出其手笔。虽已年老赋闲，但荣宠不衰，凡军国要务，玄宗都令中使（宦官）召入禁中商议后再决。所撰词章，天下文人争相传诵，尤擅长撰写碑文、墓志，当代无人能比。但有宴饮、唱酬之乐，玄宗总召他侍宴。

侍宴之侧还有一人为道士装束，此人姓叶名法善，亦是天下奇士。

侍宴另一异人为西域梵僧，法号“无畏三藏”，吞针吐火，视如雕虫小技。

张、叶、无畏三人酒酣耳热之际，不免借酒发难，又争论起三教短长来。玄宗索性下令设坛升座，凡三教中人都可升坛开讲。辩论多时，仍不分高下。忽见一弱龄童子，眉目俊美，身着儒服，昂然升座，机锋迭出，语惊四座，虽显稚嫩，竟无人能屈之。玄宗于楼上观之，惊奇不已，立刻召入楼中，问其姓名、年齿。少童并无怯色，朗声应道：“臣乃当代大贤员半千之幼孙，单名椒。闻陛下夜设讲坛，荟萃三教珠英，特来聆教。”玄宗说：“似你这般奇童子大概天下无双了吧？”不想员椒答道：“臣舅子泌，年方七岁，才学绝伦，出口成章，意深趣邃，实非臣所能比。”

玄宗听罢，细细询问李宅位置，密遣身边宦官潜伏于李家门外，待李泌偶出宅门戏耍，便乘势揽抱入宫。李泌虽被生人劫持，却不哭不叫，瞪着一双秀目细细端详，只盯得宦官汗浸中衫。

宦官将李泌抱至宫中，玄宗正与翰林学士王积薪对弈。

王积薪虽出身望族，文章也秀丽清新，但入侍翰林却非文才，而实缘棋艺。积薪年少时，并不知棋，弱冠后方留意此道，但输多赢少。某年清明，往终南山祭奠亡父，沿途邮亭民舍，寺观丛林，多为尊贵之家预先占居。积薪借宿不成，只好沿溪水往深远处，寓居半山中一孤姥家。

此家人家，只有婆媳二人，闭门不纳，只允积薪借宿在屋檐下，然后从窗槛下递出食水。

夜阑山静，空谷足音。积薪久不成寐，忽闻屋内婆婆对媳妇说："良宵之夜，无以适兴，对弈一盘如何？"婆媳各居东西室，屋内又不见举灯燃烛，积薪不免心生疑惑，于是附耳门扉，伺听动静。

只听媳妇于西室高声说："起东五南九置子。"

婆婆应道："东五南十二置子。"

媳妇又道："起西八南十置子。"

婆婆又应："西九南十二置子。"

每下一手，两人均长考许久，积薪一一密记。夜近四更，只下到第三十六手，婆婆忽然说："我胜了。胜九目。"媳妇于是推枰认输。

天大亮后，积薪整好衣冠叩门求教。老妇说："你先随意摆几手。"积薪遂取出囊中棋，尽平生秘妙而布子。不到十步，老妇说：“竖子尚可教常势。”

于是媳妇乃指陈布局，教积薪攻守杀夺、救应防拒之法，言简意赅。积薪请求深加指点，教夜中婆媳二人对阵之局。

老妇笑说：“此已无敌于人间。”

积薪于是告谢而归。

从此，积薪棋道独步京城，天下绝伦。玄宗闻名，常召至宫中与之论棋、对弈，后索性令待诏翰林，侍从左右。

李泌拜见玄宗后，便执礼退至一旁，玄宗一见，一双朗目如秋水，两侧颧骨微凸，直鼻方口，唇红齿白，面对雍容万千的大唐天子，不温不哂，不怯不惭，便对宰相张说说：“后来小童与前来员椒迥然有别。仪状真国器。”张说亦频频点头称许。

玄宗遂命张说试其诗文。张说对李泌说：“就以动静方圆为题吧。”

李泌此时方开口言道：“请先述形状。”

张说立即咏道：“方如棋局，圆如棋子；动如棋生，静如棋死。”正好借局中棋即兴。咏罢，恐李泌年幼，不能领会其旨趣，遂教示说：“可借意虚作，不可具实道出‘棋’字。”

不想李泌缓声应道：“方如行义，圆如用智；动如逞才，静如遂意。”

玄宗怜爱无比，揽入怀中赞道：“精神大于身。”张说也拜贺不已：“神童奇才，真乃圣代嘉瑞。”

玄宗令取果品食物，然后又派人将李泌送到十王宅忠王院。忠王即后来的太子，二十余年后，玄宗蒙难避蜀，忠王灵武即位，即肃宗（李亨），速召李泌驰赴行在，商议军国大事。君臣之缘，正源于此。此是后话。

李泌在忠王院，悠然自得，全无离家惆怅之感，与各位小王相交甚欢。小王爷们见李泌独与忠王情笃，遂说：“日后忠王有召，卿当蹈火履冰，万无推辞。”不想果然应验。

两月有余，李泌如鱼得水，李家则天翻地覆。后占卜得一“上”字，知平安无恙，但不知归期。忽一日，车马喧腾，但见李泌衣饰鲜丽迈下车来，护送宦官将圣上所赐衣物、彩锦、果食、书册一一交付，并宣玄宗圣旨：“因李泌年少，封授官爵，恐损其成长。须精心抚养，不误国家栋梁之材。”

李家才知李泌在宫中盘桓。此后自然不敢违圣旨，万事小心。

三、天覆地载　藏器栖志

李泌自从得到当朝天子盛誉，声名大振。天下公卿名士竞相与他结忘年之交。先是张说邀至相府，其子张均、张垍（jì）虽已位至通显，仍与李泌交友，情谊融洽。当朝名士张九龄、贺知章、张庭珪、韦虚心诗文名播四海，却都慕名会聚张府，一见李泌，皆倾心爱重。

张九龄乃开元名相，才鉴超群，文词冠士林，风仪雍雅，大家风范。每有臣下推举人才，玄宗总要设问“风度比九龄如何？”

韦家礼法门风，父子兄弟连践郎署，故有“郎官家”之称。

贺知章乃天下奇士，言论倜傥，性情放达，自号“四明狂士”，常遨游里巷，饮酒不辍，醉中作词，文不加点，粲然可观。又擅书法，精晓楷、隶书体，尤擅草书，为时人所重。

四人恃才傲物，又惺惺相惜，常豪饮唱酬，点评人物。这次齐聚张府，想会会天下慕名的小神童。一见李泌，贺知章狂气尽敛，正言道“稚子虽幼，目如秋水，深不可测，必当拜卿相”。

张说点头称是：“皇上是想授官，我劝阻不可，待其成器后可当大用。”

其他二人频频称许，感慨万千。天下名士竟推重如此。

李泌幼年，传说身轻异于常人，能运气立于屏风之上，能在熏笼上行走如履平地。

李泌转眼已十五周岁，既有其父英灵之气，又承其母端雅之风，沉稳少语。

一日，至书房，操笔墨，慨然赋歌一首，其词为：

天覆吾，地载吾，
天地生我有意无？
不然绝粒升天衢，
不然鸣珂游帝都。

焉能不贵复不去，
空作昂藏一丈夫。
一丈夫兮一丈夫，
平生志气是良图。
请君看取百年事，
业就扁舟泛五湖。

雄心壮志跃然字里行间。诗成，传写者甚众，一时洛阳纸贵，诵者无不称赏。唯有张九龄阅后，劝诫李泌说："君幼年获美名，并非益事。应自珍重，多存韬晦，以求尽善尽美。藏器于身，栖志于野，古今道一。况君少年风华，写诗只可观花赏月，出入风景，咏赞吉贤，不可褒己过甚，方为上策。"

李泌听罢，不禁热泪盈眶，感谢张九龄肺腑之言。此后，文章诗词不再言及自身，多为应景唱和之作。

九龄本以奖掖后进为己任，见李泌能虚心正己，又富于心计，知道前途不可限量，更加留心，常引至卧室，交谈甚欢。又有一件事，使九龄更加敬重李泌。

当时，九龄与严挺之、肖诚相交，二人都任朝中要职。挺之认为肖诚为人巧言谄媚，劝九龄与他断交。

九龄却感到，挺之太刚直苦劲，肖诚却软美和善，于是令左右召肖诚入府会宴，不召挺之。李泌在侧，揣摩到九龄心思，爽直开言道："公起自布衣，以直言位至宰相，怎么反倒喜软美者？"九龄闻之一惊，起身改容称谢。此后，便呼李泌为"小友"，以示敬重。

一次，九龄奉诏推荐人才，举现任长安尉周子谅"刚直不阿，可为监察御史（职责是监察百官）"。李泌得知后，深夜拜访相府，劝张说："周子谅虽敢于直言，但性格轻薄狂躁，不宜重用。"张九龄颇不以为然。

事隔数月，周子谅因妄陈获咎，玄宗龙颜动怒，令于朝廷决杀。大唐法律，但凡官吏升迁都有举主，如所举人犯罪则举主连坐。张九龄因举人不当，被贬官荆州（今湖北）。离京之时，李泌特地赶到灞桥送别，张九龄感慨道："昔日我为相时，门前车水马龙，宅内高朋满座，提携的后进新秀不计其数。闻知我贬官远州，一时门可罗雀。不想君虽不由我提拔，但却知情重义，无人能比。请君务必至荆州一游。荆州虽远离京师，但古之重镇甚多，山奇水秀，别有风情。"

李泌目睹宦海沉浮，自己身怀才学，但空有一番壮志，玄宗皇帝只是耽于享乐，并不似登基初年致力于奖拔人才。李泌受玄宗知遇之恩已近十年，虽名震京师，但始终未受重用。想想人生短促，如白驹过隙，不如应邀游荆州之后，访山求道，一可修身养性，磨炼心志，二可增广见识，潜观时变。于是先至荆州，再泛舟顺江而下。行至岳州（今湖南岳阳），观洞庭波涌，不禁心潮澎湃。又乘筏沿湘江而下，往南岳衡山而来。

衡山海拔不高，山势不险，但却是大唐中土胜不可言的一处名山，五岳之一。

五岳是道家的五大洞天胜地，依次为东岳泰山、西岳华山、北岳恒山、中岳嵩山、南岳衡山。据民间传说，远古时代，天地混沌一体，人类始祖盘古氏蜷伏在这宛如鸡蛋的天地间孕育了一万八千年。忽一日，怒睁双目，一把利斧在手，挥臂一砍，将浑圆之物一劈为二，轻而清的部分日升高一丈，形成开阔一片蓝天，重而浊的部分日下沉一丈，形成苍茫厚重一方大地。中间又历一万八千年，终成形为天高地阔。盘古氏也随天地日长日高，成为无比高大的巨人，神力无边。天地因其喜怒哀乐而变化万千。他一笑，则天清月朗；他发怒，则天昏地暗；他哭泣，泪飞雨注，汇成滔滔江河湖海；他叹息，飞沙走石；他眨眼，电闪裂空；他喊叫，雷霆万钧。盘古在他自己开辟的天地间又生活了一万八千年，终于死去。仆卧在地，头东脚西。高高隆起的头部凝成气势雄伟的东岳泰山（今山东境内）；脚趾直伸插入云天，凝成挺拔峻秀的西岳华山（今陕西境内）；腹部向上凸起，凝成巍峨高耸的中岳嵩山（今河南境内）；右臂蜷曲，凝成连绵横亘的北岳恒山（今山西境内）；左臂斜张，凝成重峦叠嶂的南岳衡山（今湖南境内）。他的毛发变成树木花草，使五岳滴翠，大地锦绣。

五岳山势各异，各尽趣妙，后人有诗云：恒山如行，岱山（泰山）如坐，华山如立，嵩山如卧，唯有南岳独如飞。南岳形如朱鸟（又称朱雀）展翅垂云天，四旁各展百十里，环侍主峰如辅佐，足证其蜿蜒雄丽之势。文人墨客吟诵不绝，流连忘返；僧人道士隐遁山林，成仙悟佛。衡山是个绝佳的去处。

李泌行至衡山脚下，仰观山势，南以衡阳、回雁峰为首，北以长沙、岳麓山为足，绵延盘亘八百里，七十二峰错落有致，各展神异。首峰祝融峰独冠群峰，状如疾飞的鸟头，引吭高歌。天柱、芙蓉等十六峰状如鸟身，紧相依偎。南有观音、回雁等二十峰，北有紫盖、香炉等十六峰，宛如两侧鸟翼，凌空展翅。山间烟云滚滚，乱云飞渡，云起峰流，峰逐云转。李泌不禁赞道："好一个如飞的南岳。"

进得山中，但见千年银杏参天，奇花异草飘香，瀑布流泉飞泻，楼阁亭台争艳。又有那古刹肃穆，钟声阵阵，道观清雅，香火缭绕，使人神清气爽。

李泌信步而行，满目景色清莹，古松苍劲。过半山亭，拾级而上。登上南天山，远望湘江，九曲之水，五向五背，恰像五条游龙，面朝南岳。李泌浮想联翩，想到年过弱冠，宏图未展，平生才学，如何措置，不禁潸然。

再向上攀登，竟然已达祝融峰顶。东望罗霄山，云海起伏，西顾雪峰山，若隐若现，北眺洞庭，水天一色，南望湘江，银蛇飞舞；大地阡陌纵横，历历在目；脚下峰峦起伏，如走泥丸，天地四方仿佛尽收眼底。李泌不觉飘飘然不知归宿，宛如尘粒，在天地间渺小至极，又如水滴，稍纵即逝。似乎身体与冥冥宇宙合为一体。

正在恍惚之际，一道长不知何时已伫立身旁，只见他长须拂胸，身材修长，见李泌魂已收定，并不说话，随手一挥，李泌便亦步亦趋。道长回首注视，李泌连忙躬身行礼，刚欲开口，道长已举步向前，李泌只好紧紧跟上。

道长携李泌先游三面环山、偏居狭谷的禹王城，再到为纪念念经十六年的魏夫人而建造的魏阁。游至福严寺时，二人驻足而观。福严寺乃南岳佛教五大丛林之一，东面山门横匾书有“天下法院”四个大字，两侧楹柱上联为“六朝古刹”，下联为“七祖道场”。进得寺内，只见镇寺之宝乃铜质岳神一尊，重一万三千斤，又有铜佛三尊，各重万斤，都是六朝（指割据江南地区的吴、东晋、宋、齐、梁、陈六朝，隋平陈后，统一中国）陈废帝时所铸，已达一百五十年之久。从寺西门出去，但见一株千余年银杏树，被雷电劈去上半截，仍生机勃勃。绕至寺东门，但见门后有方形石井一眼。传说井中本无水，一日，一只猛虎跃至井旁一大岩石上，利爪抓岩，怒吼狂啸，一股清泉忽从岩石中滚滚涌出，故称“虎跑泉”，虎爪痕迹仍依稀可见。李泌连声赞道：“高明，极高明。”寺中和尚见二人非同凡人，忙递笔送墨，李泌也顾不得道长在侧，饱蘸浓汁，挥笔大书“极高明”于岩壁之上，掷笔后不禁长啸数声，道长注视李泌所书字许久，仍无一字出口。

二人又往山深处游去。先到南岳庙，又登紫盖峰。

紫盖峰东临吐雾峰，西傍香炉峰，二峰相向对峙，峰上有谷地，山上泉水，汇集为三支，注入谷地。泉眼深不可测，凡山上倾泻之水，均被泉眼吸纳入内。水从石壁上飞流直下，形成蔚为壮观的瀑布，高达二十余丈，恰似一道水帘，不想石壁当腰，又伸出一石磴，将水析分为二，注入投龙潭，跳玉吐珠，银光逐波，白浪翻涌，声若雷鸣，正为南岳“回绝”之一。

这道长叫安期生，李泌跟着他足足学道三年。

四、人生须臾　富贵浮云

李泌出山后，并不径往帝都，而是云游名山大泽，访探古迹名胜，收采民风。回想起幼时玄宗皇帝令人抱至宫中，咏动静方圆之趣，仍感回味无穷。

从东都洛阳溯黄河而上，经陕州过三门峡，这三门峡乃是黄河中游一处最险要的水段。所谓三门，即人门、鬼门、神门三处峡谷出口，两岸绝壁夹峙，水势汹涌澎湃，暗流万转，又有砥柱盘踞中流，将奔流之水迎面劈开，卷起千重巨浪，飞溅至两岸崖壁，水声轰鸣，如滚滚惊雷。

关中地狭，所产不足以供京师百万官民衣粮，故国府所贮，多为江南转输而至的漕粮、轻货（日用纺织品）。隋炀帝开凿大运河，贯通南北，沟通海河、黄河、淮河、长江、钱塘江等几大水系。唐朝利用之，获益颇大。只是三门峡一段咽喉之地，古今都无良策。玄宗曾下诏在三门山开凿栈道，使纤夫拉船过滩。

李泌本可取道汉中或经由陆路官道入关，但他特地行至三门峡。但见栈道上纤夫汗流滚滚，号声此起彼伏，岸下惊涛拍岸，恶浪翻涌。漕船颠簸起伏，出没风波浪里。不时听见一声撕心裂肺的呼叫，随即一个渺小的身影坠入河中，与恶浪化为一体。其余纤夫脚下不敢停留，更加奋力向前，只是纤号声似已失去了应有的昂扬、高亢，转而为低沉、悲怆、苍凉。

李泌目睹人生须臾，生死转化，遂知尘世间名利富贵，只不过是过眼烟云。

李泌阔别京师数年，从正南中门明德门入城，繁华更非昔日可比。市坊井然,街闾有序,朱雀冠盖相望,马肥车轻,红男绿女,锦簇团团。沿街,看到寺观林立,香火缭绕。汉夷相间，摩肩擦踵。原来，正逢玄宗千秋节（玄宗李隆基诞辰），即八月初五。

行至开化坊南荐福寺，人如潮水。这荐福寺乃是玄宗祖父高宗皇帝李治死后百日，群臣为他献福而集资兴建的。僧人义净自天竺（印度）取经回长安，就在寺内设译经场，专门翻译佛经。中宗皇帝（李显，玄宗伯父）时始修建寺塔。因其塔小于大雁塔，故取名为小雁塔。塔造型秀丽挺拔，与大雁塔风格迥异，相映生辉。因逢千秋节，寺僧为玄宗皇帝荐福益寿，大做法事，又有四方士女赶来祈愿、烧香、游玩。其他各寺观也有活动，故到处熙熙攘攘，一派歌舞升平的盛世景象。

李泌忆起三门纤夫举步维艰、命悬一线之情景，恍如隔世。忽见道中臣民纷纷往东而去，李泌拦住一少年问其故，方知玄宗沿往年常例，驾幸兴庆宫，御南薰殿，登花萼楼，大宴群臣于楼下，允百姓观望，遥贺千秋节。李泌正要觐见皇帝，遂亦举步向东。

兴庆宫在城东兴庆坊，与宫城相隔几坊之地，原为玄宗藩邸。据传说，玄宗为临淄王时，王府即建在兴庆坊。忽一日，地陷泉涌，霎时，宅院中形成一个大水池，其上郁郁有帝王气。后玄宗果然先被立为太子，不久登上皇位。登基后，马上扩建为兴庆宫，起居听政均在兴庆宫。因宫在宫禁内大明宫、太极殿之南，故称“南内”。宫殿区东建勤政务本楼用以听政，西造花萼相辉楼用以娱乐，楼下有放生池，金鱼戏水，碧波粼粼。沿东城墙外郭墙筑夹城，中有复道，北通大明宫，南通城东南芙蓉园。凡欲出行，君主、嫔妃、侍从可潜行夹城中，城内外市民无从知晓。

李泌行至宫门，报名与当值宦官。玄宗听说李泌到来，忙降旨:“速请登楼同乐。”这楼上与楼下风景大不相同，李泌登楼谢过圣恩，然后举目东望：东面关中第一渠龙首渠经长安城东第一门通化门外侧，蜿蜒曲折，先流经兴庆宫，再转而北上入宫城。渠两岸人声鼎沸,观者如潮；再折向西方,东市坊内珍货山积，店铺相连，放生池旁人潮涌动。往南瞭望，各官署张灯结彩。

李泌正看得入神，忽闻声乐大作，从沉香亭中鱼贯而出数十美女，清纯秀美，婀娜多姿，宛如仙女下凡。原来乃玄宗亲自挑选调教的梨园女弟子，奉旨献艺助兴。她们头戴莲花，手执莲花，翩翩作舞。一会儿增至一百四十人，庞大的舞队，不断变换队形，陆续组成“圣起千古、道出百王、皇帝万年、宝祚弥昌”十六个字，一时群臣山呼万岁。这一道舞名为《龙池乐》，是为兴庆坊内龙池而作，在武则天创作的字舞基础上改造而成。妙就妙在起舞时，舞至第二节，舞女急转身将外罩短衫脱去，露出灿烂华丽、光彩夺目的绣衣，摄人心魄。

雄壮的“破阵乐”舞又开始了，只见四个金甲武士居前，后边有数百名宫人配舞，威武雄壮，五彩纷呈。

玄宗兴起，也吹笛击鼓，诸王群臣应和作乐。

宴罢，玄宗引李泌与玉真公主见礼。玉真公主乃玄宗幼妹，端庄秀丽，因笃信道教，玄宗特为她在宫内建观，又在宫外为她建造玉真观。玉真公主平日很少参加游宴，此次为给玄宗祝寿才出观。

兴庆宫花萼相辉楼锦上添花，勤政务本楼冷清寂静，李泌正若有所思，宁王款步走近，邀李泌至宁王府下榻。

宁王与李泌早有交情。李泌七岁进宫时，入忠王府盘桓两月有余。玄宗为示孝悌友慈，建“十王宅”“百孙院”，皇族兄弟子侄共乐。诸王府第相邻，慕李泌名皆与交游。三天一大宴，五天一小宴。宁王地位尊崇，异于诸王。宁王本名成器，后更名宪，乃玄宗长兄，睿宗皇帝嫡长子。玄宗诛平内乱有功，宁王坚辞帝位，让与玄宗。玄宗兄弟五人原共居东都积善坊，分院邻墙，门廊相通，号“五王宅”。随从睿宗入长安，所赐府宅皆环绕兴庆坊。玄宗登基后，将兴庆坊扩建成兴庆宫，常登花萼相辉楼遥望诸王府，如听到音乐之声，或将诸王悉数召入宫中登楼宴戏，夜晚，则同榻而眠，特地缝制一床硕大无朋的被子，兄弟五人合盖，其乐融融；或驾幸王府，赐赏无数。诸王每日于侧门相见，归府后，即奏乐纵饮，击毬斗鸡，走马博弈，郊游狩猎，友悌无猜。

宁王恭谨思慎，未曾干预朝政，又不与外臣交结，玄宗尤加信重。宁王将李泌邀至王府，爱他神秀俊美，聪慧灵悟，每日欢宴娱乐，唱酬应和。李泌每应和诗词一首，玄宗必使人交与宫中乐师，谱成乐曲，播于王公，梨园弟子闻乐起舞，真乃天上人间。

岁月悠悠，不觉一年有余。年关将至，大雪纷飞，关中八原一片银装。李泌出通化门登乐游原，想想往日虚掷多少时光，春日绿柳已成枯条，吟道："青青东门柳，岁晏复憔悴。"不知身归何处、心向何方。

玄宗虽然优礼有加，赏赐丰厚，并赐宅一区，常召侍宴，但以闲散之位，李泌总感不能一展抱负。玄宗不理朝政，李泌看这表面歌舞升平，却有大厦将倾之感。恰值李父承休年老体衰，不幸染疾，天宝初年去世。李泌扶柩归葬，哀毁欲绝，绝食守冢。三年终丧，复游道山。藏器栖志，潜修内外丹，又研习道家经典不辍。

树欲静而风不止，红尘滚滚，凡心昭昭，又生出无数曲折。

五、仙飞情缘　避祸蕲春

关中之所以如此称呼，乃因东有函谷关，南有武关，北有萧关，西有陇关。东南又有兰田关，西南有散关。诸关皆据险恃势，环卫京师。长安城坐落在西起金鸡峡、东到潼关的渭河中下游平原上。关中号称“八百里秦川”，关中平原先于巴蜀而有“天府之国”的美誉。东濒滔滔黄河，其余三面为大山环峙，形成无数天然屏障。古人云：“金城千里。”关中有“四塞”之称。潼关、萧关、大散关、武关，正是兴霸创帝业之形胜所在。古时，周文王、周武王即从周原起家，伐纣讨虐。秦始皇又以此为根本，吞并六国，一统天下。西汉高祖，依恃关中，翦灭群雄，开拓四域。大唐以关中本位，居重驭轻，享年三百。正所谓，帝王之兴，多出关中；龙腾河渭，虎踞终南。

李泌居京日久，但从未游访过终南山。服丧已毕，是否回京，踌躇不决。遂先游终南山。终南山乃长安城郊外一名山，秦始皇都咸阳时，曾“表南山之巅以为阙”，即扬言要把皇城的大门修到终南山上，以炫耀其壮丽宏伟。山中洞窟繁多，峭壁秀丽，翠屏环立，池波碧青，苍松郁郁。

李泌入至山中，遍游翠华、南五台、丰峰、骊山。终以翠华为栖居处，沿十八盘盘旋而至大正峪村。先至村东北拜谒过老君庵，又至村西观冰、风二洞，见冰洞内盛夏坚冰垂凌，但听风洞内风声呼吼。此后，每日采药、访古。

一日，行至山深处，见一钟乳洞，大而深。据樵夫言，洞深可达数里，常人均不敢入内。但凡进去者，从不见出来。李泌心生好奇，遂点燃松明，敛衣入内。

先是幽邃深远一狭长通道，不知多长，后才渐觉宽敞。举火照去，只见四周洞壁乳旋滴沥，千姿百态，蔚为奇观。又进入一大厅，见数十具乳滴，皆成人体飞仙状，眉目衣服，形制精巧。只有一具滴沥出腰身以上，李泌试用手承接。出洞时，天色将晚，遂于近处择一寺观权且栖身。冥想一夜，辗转反侧。一闭双目，就见数十具呈飞仙状钟乳石，栩栩如生，飘逸九天。

翌日，李泌不复存回京之念，径往华山而去。

华山乃五岳之西岳。传说尧舜封禅于五岳。其实，西周以前虽有东、西岳之称，但五岳之制始定于汉武帝。华山位于今陕西华阴县南，距长安约一百余千米，北临咆哮奔涌的黄河，南接重峦叠嶂的秦岭，西有少华山，东有潼关，巍峨雄险。有诗人赞曰："势飞白云外，影倒黄河里。"

主峰为落雁峰、朝阳峰、莲花峰，鼎峙而立，号"天外三峰"。四周峰峦起伏环拱，翠黛罗列，婀娜多姿。平日只见白云缭绕，白云深处，崖峭壁绝，峡谷深幽，清泉飞瀑，苍松掩映。大诗人李白也有诗咏赞："西岳峥嵘何壮哉，黄河如丝天际来。"民间盛传，山顶乃神仙聚会之所。

李泌专择山中奇险处攀登，绝险处，则先雇山民攀援至顶，放下绳索，李泌即援绳而上，手足并用。千尺幢，百尺峡，长空栈，擦耳苍龙岭，上天梯，老君犁沟，鹞子翻身，无险不涉。

韩愈虽学富五车，一代文豪，但登苍龙岭时，只见耸立天际，两旁悬崖万丈，无可依傍，自觉无生还希望，遂遗书一封投之岭下，至今游人经过，仍可看到“韩愈投书处”五个镌刻大字。

李泌行至云台峰侧，虽衣衫破败不堪，但心清气爽。见一石洞，洞内壁上书有“长春洞”三字，方知来到太宗贞观年间道士杜怀谦隐居传道之所。

进得洞，正中香炉内时隐时现香火点点，李泌环顾四周，不见长春先生踪影，也许外出云游、传道，只好作罢。

又行至玉女峰。传说春秋时代，肖史、玉女厌恶浮华喧闹的宫殿生活，甘愿到华山择一峰修炼，终日以吹萧引凤为乐，此峰便是玉女峰，峰顶经常彩云盘绕。

李泌登上峰顶，见一洼地成坪，广约百亩，中有池，池内白莲冷若霜雪，红莲浓碧鲜红。坪四周松树荫翳，景色清幽。上有玉井一眼，下有玉泉淙淙，一曲流水，融会贯通，浑然一体，巧夺天工。忽见翠绿之中，闪出一道士，头戴黄冠，衣五色云霞帔。李泌觉异香扑面，怦然心动，不知何由。

只见道士徐行数步，开口言道：“长源弟，别来无恙？因何云游至此？”

李泌定睛一看，乃是玉真公主，二人在宫内数有交往，公主遂呼李泌为弟。

二人叙及京师一别，恍若昨日之事。李泌将归葬守冢、访游道山娓娓道来，玉真公主亦将别后情形一一诉说。说起玄宗皇帝特在皇城春明门外第一坊辅兴坊建玉真道观，以全公主志节。但玉真仍感坊市喧嚣，尘寰熙攘，执意择罕绝人迹处修道，遂往华山，于玉女峰上玉女祠旁结庐养道。

二人共忆长安种种乐事，清风习习，暖意融融。玉真公主随身有一侍女，名曰小娥，长安相遇时，不过十余岁，今已娉婷玉立，妍丽可人。玉真公主向李泌介绍，此女善解人意，琴棋书画无师自通，尤其是弹得一手琵琶，每每拨弦长歌，清幽凄切，似有愁绪万端，哀怨不尽。可能因早年身世之故，玉真往华山，她坚决跟随，服侍左右。

李泌正值风华正茂，风姿神秀，宫中佳丽数万，妃嫔数千，从未正视一眼。就是那倾国倾城、令六宫粉黛无颜色的杨贵妃，屡睹芳颜，却从未心动。但不知为何，与小娥四目相接，见她目中一丝淡淡哀怨，似有情愫万种，便觉心猿意马，魂不守舍。恍恍惚惚回到居所，入夜，琵琶声声，声声入耳，起身持诵经文，默念戒律，魂魄仍无所皈依。

此后，二人你来我往，两情相依。玉真明察秋毫，亦无微词，反倒常独自云游，使二人有独处之时。

李泌与小娥，抚琴弈棋，结伴采药，但从不言及“情”字，更无肌肤相亲。

一日，二人结伴采药，见一绝壁上有硕大灵芝一株，世上罕见，虽谷壁陡立，曲涧幽壑，李泌仍执意采摘，蹬壁攀援。小娥想助他，不料岩石松动，竟失足坠下谷底山涧之中，李泌只听轻轻一声呼唤，已不见小娥身影，但见谷底深涧中，一抹衣裙时隐时显，片刻即沉入涧底。

李泌顿觉头晕目眩，似天崩地陷，肝胆欲裂，五内俱焚。自此，形销骨立，五味不辨。小娥音容笑貌历历可见，声声入耳。每日只在玉真庐前、玉女峰下徘徊，如此一年将过。

小娥仙逝周年，李泌来至当年坠崖处，将自撰的诔文焚烧祭奠，心中默念：愿小娥转生投胎，再续情缘。

正如痴如狂时，从山间盘曲处，走过一道长，道袍加身，面祥目善，对李泌说：“我乃羡门高，知你情迷心窍，特来点化一二。”

李泌连忙行礼。

羡门子说：“终南山飞仙钟乳，是试你可否早日得道。可惜你以手承接其中一柱体已羽化至腰间者，此正为你自身尔。一旦承接，使其柱滴沥成形之年延迟二十载。故你仍须在人间行走、经历磨难。你可斩断情结，速往嵩山参拜中岳，方可受道如初。”

李泌听罢，方收回思念小娥之心，前往嵩岳，潜心修养，不顾名禄。

天宝十载（公元 751 年），玄宗皇帝年事已高，自恃承平日久，国泰民安，边关静绥，天下无事可忧，又有杨贵妃专宠后宫，遂深居禁中，春宵苦短，不理朝政。大诗人白居易有诗为证：

春寒赐浴华清池，温泉水滑洗凝脂。
侍儿扶起娇无力，始是新承恩泽时。
云鬓花颜金步摇，芙蓉帐暖度春宵。
春宵苦短日高起，从此君王不早朝。
承欢侍宴无闲暇，春从春游夜专夜。
后宫佳丽三千人，三千宠爱在一身。

金屋妆成娇侍夜，玉楼宴罢醉和春。
姊妹弟兄皆列土，可怜光彩生门户。
…………

玄宗日日耽于声色，政事委于宰相李林甫。宴游之暇，不免忆故怀旧。于是令高力士（玄宗亲信宦官）访召李泌，促令入京。

李泌奉召入京，玄宗游兴正浓。常在兴庆宫大张筵席，在勤政楼下大道杂陈百戏，走索、弄丸、舞剑、寻橦（爬竿），各献其能。还有驯兽师调教出的象、马，能随舞曲翩翩起舞。杂胡杂技也进宫献艺。有时或以六军（禁军）小儿五百人摆斗鸡阵。斗鸡均听从号令行动，进退有序，闻鼓突前，鸣金后撤，整齐划一。

一次，玄宗急召诗仙李白入宫侍宴，不想此仙醉卧酒楼，由乐师李龟年等几人扶持方能行走。玄宗携杨贵妃在沉香亭观赏芍药，令速速作诗一首。李白本豪爽洒脱之人，自恃才学，傲视宵小，遂半睁醉眼侧卧榻上，表示，只消国忠研墨、力士脱靴，方能醒酒作诗。玄宗皇帝倒也大度，一切依他。李白一挥即就，撰《清平调》三章，浑然天成，仰天长笑，“天生我材必有用，千金散尽还复来”。

李泌百般无奈，但尚能随遇而安，多与诸王、公卿、高士讲经论道。忠王李亨时已立为太子，玄宗敕令太子诸王与李泌结为布衣之交，可不拘礼法。

不料引起朝中一要人嫉妒，遂起构陷之心。此人姓杨，单名钊，后荣显，改名国忠。出身微贱，少年时嗜赌好酒，不学无术，亲朋乡里都鄙视其为人。年届三十，始从军入蜀，不久便混得都尉之职。

天宝初年，国忠族妹杨玉环，“一朝选在君王侧”，专宠得势，国忠因缘纳贿，打通关节，入京后与杨氏姐妹续成家谱，以兄妹相称。杨氏姐妹细族孤门，正愁朝中无人依援，于是把天上掉下来的兄弟推荐给玄宗。刚入宫时，只是以善樗（chū）蒲（一种赌具），供奉内庭，后因善察言观色，投玄宗所好，又长于理财之道，累迁台省要职。因与李林甫争权邀宠，关系恶化。

天宝十一载，林甫死，国忠为相，独掌大权。

贵妃有三姐妹，皆美貌绝伦，玄宗分别封为韩国夫人、虢国夫人、秦国夫人，与国忠同车出入宫门，不避外人耳目。又在京城广起宅第，奢华相夸。宫中使者相衔于道，贵戚无比，声焰震天。

虽已如此，但国忠机警过人，狭隘偏执，以外戚起家，常感卑微。见李泌与太子诸王交友，又深得玄宗赏识，常入内奉旨宣讲《老子》，又待诏翰林，供奉东宫，恐日后危及自身权位。

一日，国忠令贴身宦官潜入李泌房中，窃得李泌所写诗文一册，其中有一首《感遇诗》，国忠阅后呈给玄宗，诬陷诗中多谤议朝政之语。

其实，李泌确有感遇而发。一是对杨国忠怙权弄势，排斥忠良，势必误国殃民而发；一是针对边将胡人安禄山而发。

安禄山为中亚胡人，随家族辗转到今北京一带，从军为普通士卒，因功屡迁，后升至节度使，东北边关全归其统辖，玄宗倚为安边长城。他曾数次入京朝见，目睹朝政腐败、禁军虚弱之内情，潜有阴谋叛唐之心。暗中蓄壮士，缮修武备。李林甫在位时，他怀有畏惧之心，不敢轻易表露，仍作恭顺状，并认贵妃为养母，以表明忠孝两全。

玄宗本无意开罪李泌，但杨国忠执意上言，为耳根清静，息事宁人，也为使李泌远祸，遂将李泌谪斥到蕲（qí）春。

蕲春为唐淮南道，位于长江北岸，今武昌与九江之间。李泌未住满一年，因不习水土，母亲周氏苦热染疾，禀告圣上，携眷归隐颍阳（今河南）。

天宝十二载夏，某日，周氏正在宅门大柳树下纳凉，只见孩提时代所遇之异僧，蹒跚而来，装束依旧，路经周氏时，口中喃喃有词："归去兮，归来兮！"飘然远去。自此，周氏卧床不起，数日后，撒手西归。

母病故时，李泌正在嵩山访游，忽觉胸闷难耐，不知何故。待闻噩耗归至家中，亡灵已停七日。太子亨、成王器、广平王俶等皆自京城遣使吊祭，哀荣无比。李泌此次并未显出大悲大哀之状，只是守护在灵床前，七天七夜，滴水不进。说来也怪，虽值酷暑，周氏遗体如初，面容丽泽鲜艳。七天后李泌发丧抬柩。后事料毕，复游嵩山。

六、边关有警　长恨当歌

玄宗日日歌舞升平，与贵妃及三夫人终日游幸，温泉洗浴，妙不可言。朝政由杨国忠把持，不仅排陷忠良，还妒害边将立功，凡边关有警，一律不呈报玄宗，事事粉饰太平，只为相位稳固，终酿成千古之恨。

安禄山自李林甫死后，对杨国忠毫无顾忌，认为他并无丞相之才，只是仰赖裙风，于是更肆无忌惮。凡朝廷派来使臣，一律重金贿赂。手握精兵数十万，还养有八千假子，实为侍卫亲军，个个慓悍善战。粮足马健，兵广将强，只待时机。

不断有人伺知禄山不轨之举，屡屡上报，国忠也察知禄山必反，也向玄宗上言。玄宗急召禄山入京以察其心，如不肯入朝，则必反无疑。

禄山貌粗心细，何等聪明，数骑疾驰入京，拜见玄宗，泪流满面："今又睹天颜，不胜荣幸。"禄山身肥体形短粗，腹下坠及于膝盖，须将两肩耸起如挽牵状方能行走。但为玄宗作《胡旋舞》，却疾转如风。

玄宗凝视其硕大无朋的腹部，问："爱卿此腹中装有何物，如此臃肿？"

禄山泣而答道："唯有一颗忠于陛下之赤心而已！"

禄山回镇后，月献牛、驼、鹰、狗及奇珍异宝，以安玄宗之心。玄宗果不复生疑，安心自娱如前。

不过数月，即天宝十四载（公元 755 年）十一月，禄山万事俱备，自借东风，诡称奉密诏讨伐杨国忠，以清君侧（消除帝王身边隐患），从范阳起兵，号称二十万，势如破竹，横扫河北，大部分郡县望风而降，或不堪一击，只有个别城镇军民坚守不屈，宛如孤岛。

叛军迅速南下，东都洛阳很快失陷。朝廷派大将哥舒翰把守潼关，遏制叛军西进。哥舒翰遂坚守不出，恃险闭关，准备以逸待劳，挫敌锐气，再攻其不备。不想杨国忠不懂兵法，诬陷哥舒翰有通敌之心，促令他率军出关迎敌。结果可想而知,唐军大败,潼关失守。

东门洞开,长安震恐,叛军铁骑两日就可践踏宫阙。玄宗数日前已从兴庆宫移驾至城外的大明宫,以防不测。一听潼关失守,长安已无险可恃,只得匆匆命龙武大将军秘密整理禁军,选闲厩马九百匹,于十一月十三日黎明,冒着蒙蒙细雨,仓皇往成都方向西逃。同行的只有贵妃姐妹、皇子、皇孙、王妃、公主及杨国忠、高力士等近侍之臣,其他官民及住在宫外的王、妃、宦官都无暇通知。

由于行色急促,备顿不周,一路忍饥挨饿,风餐露宿,贵贱交错,也顾不得许多了。

行至马嵬驿(今陕西兴平西),禁军将士久已怨恨杨国忠,遂哗变,围杀杨国忠,又迫令玄宗缢死杨贵妃,倾刻玉殒香消,魂飞天外。杨氏姐妹也无一幸免,以除后患。

马嵬民众聚集数千人,拦住玄宗马头,恳请暂缓西行,率领将士、民众收复失地,剿平顽逆,重振朝纲。但玄宗心力尽衰,仍沉浸在失去爱妃的巨大悲痛中,神情恍惚,不能自持,无意回师。

民众又拦住殿后的太子李亨,说道:“若殿下与圣上皆入蜀，谁为中原百姓做主？”又齐呼：“愿率子弟从殿下东破贼，收取长安！”喊声雷动。

李亨尚未立为太子时，曾遭李林甫诬陷，险些大祸临头。国难当头，正应有所作为，又可摆脱玄宗束缚，只是顾及如欣然同意，难免有弃父皇而不孝之恶名，恐天下不齿，不肯立即同意。作态再三，又有近密之人劝化不已，于是才毅然担当起收拾残破、重整山河的重任，北上灵武（今宁夏境内）。

李亨先以天下兵马大元帅的名义调集诸道兵入援，以郭子仪、李光弼所率精锐之军——驻守西北边关的朔方军，再联合回纥、西域等兵，左右夹击叛军，屡战屡捷。在百官的劝进下，李亨宣布即皇帝位于灵武，即肃宗皇帝，改元至德，遥尊玄宗为太上皇。玄宗闻报悲喜参半，其尴尬可想而知。

安史之乱起时，李泌正游于嵩山少室太室二山之间。

嵩山居中州，俯揽河、洛，上接云天，山高岭峻，叠嶂层峦，三教荟萃，为兵家要冲。

李泌在山中遇见道士潘师正。师正原为河北人，在嵩山逍遥谷已修道数十年，武则天时曾为他在嵩山修造精思院一所。辟谷绝粒，每日只饮清泉食松叶。李泌与他常聚首讲经论道，交流辟谷、饵食之术，真乃知音难求。

余暇，李泌常登临太室峰顶，俯瞰河、洛，遥望两京。静下心来，则遍览群书。潘师正山居数十年，书至数万卷。李泌读时，史籍、兵书、天文、地理、农书、医典无所不阅。其中凡有关治乱兴衰、君臣之道、兵法宏旨、地理形胜尤为留心。有时长考至深夜。想起三国时蜀国名相诸葛孔明，潜龙南阳，草庐躬耕，却能纵观天下形势，与刘备定三分天下之策。当今虽太平盛世，实乃危机四伏，况且边境开衅，蕃将异心，太子储位不稳，国运已呈盛极必衰之象。不禁掩卷吟道："良弓摧折久，谁识是龙韬？"潜观时变。

两京失陷，惊耗传来，李泌悲愤至极，又闻圣上太子分道南行北狩，再次登临峰顶，与潘师正共观之，遥感帝气已移至西北，知王室匡复，系于太子之身。及肃宗灵武即位后，李泌遂不复登游，将行装打点整齐，闭门读书，专心不二。师正几日不见李泌，于是登门拜访。李泌说："将与兄别。不日圣上必召我赴行在（即皇帝所在之处）。"

翌日，肃宗使者寻访至嵩岳，持肃宗手札请李泌出山赴灵武，河洛节度使亲自备车马护送李泌。

沿途，兵锋所至，哀鸿遍野，人烟萧瑟，民不聊生，李泌思绪万千，不禁想起杜甫诗中称颂的开元盛世：

忆昔开元全盛日，小邑犹藏万家室。

稻米流脂粟米白，公私仓廪俱丰实。

今昔相比，天上地下。

灵武虽为皇帝行宫，但因兵戈未息，战事正酣，一应礼节、起居、装设均从简。肃宗一听李泌已到，大喜过望，急召入卧室内，彻夜长谈。李泌亦知无不言，纵论天下形势，分析敌我利弊，陈述古今成败之机，只听得肃宗连连颔首，频频抚掌。

天明，即令李泌侍从左右。出则连辔，寝则对榻，动静顾问，规划大计。事无大小，言无不从。至于四方文状，将相迁除，皆与李泌议后再决，权逾于宰相。

肃宗拟好诏敕，欲以李泌为右相（以右为尊），秉掌机要。李泌却固辞道：“陛下待我如亲友，则臣已贵拟宰相，何必非强人所难，授予虚职呢？”

肃宗只好作罢，下诏赐穿金紫（为一品官服），领取俸禄。

李泌至灵武后，郭子仪、李光弼率蕃汉步骑五万，屡败叛军，声威大震。又有回纥及西域诸国铁骑入援，锐不可当。江淮一线，赖张巡、许远拼死固守，甚至杀食妻儿以为将士军粮。

此时叛军将领日夜纵酒豪饮，专以声色财贿为乐事，已失进取之心。收复两京，已然在望。

肃宗却愁眉紧锁，长吁短叹。李泌怪而问道："陛下复忧何事？"肃宗说出心中所虑："郭、李诸将，功勋卓著，朕崇重至极，位列三公、宰相。如日后两京匡复，无以酬功，如何是好？"

李泌听后，说："陛下过虑。历来封爵酬官，选官任能，自尧舜以来，百代不替。如收复两京，振兴帝业，即使封侯，不过以二三百户一小州之地行赏而已，岂有难制之事？"之所以说出此番话，是因李泌揣测肃宗并非为功高难赏，实则恐诸将功高难制。

肃宗点头称是。李泌借机表明心迹："臣之所愿，与他人又有不同。"肃宗问："所愿为何？"

李泌说："臣绝粒辟谷，又无家小妻子之累，禄位与封土，皆非臣所求。今为陛下运筹帷幄，只求他日收复京师后，枕天子膝一眠，使有司奏客星犯帝座，而天文为之一动，足矣！”

肃宗大笑，心中疑结释然，“这有何难？”

每次行军，肃宗必令李泌领元帅府兵先出发。每到一处，李泌先清理行宫，备顿饭食，打扫厅院，收管钥匙。诸事齐备后，才令人奏报肃宗入宫下榻。

事隔月余，朔方军策马凉州、鄯州（今甘肃地区），形势日趋好转。肃宗随大军驾幸保定（今河北）。李泌仍先行清理行宫，因数月劳累，疲惫不堪，稍有懈怠，乘肃宗未到，先回自己所居院落，本想小憩片刻，不想竟睡了过去。

肃宗入宫，不见李泌身影，遂寻至李泌居处。但见李泌侧卧于榻上，于是下令不要惊动，蹑足径直登床，轻轻捧起李泌头，放置在自己膝上。

过了一顿饭工夫，李泌似有所觉，肃宗笑吟吟道：“先生已枕天子之膝，收复两京，当在何时？须速速实现诺言。”

李泌连忙跃起谢恩。肃宗拉住他的手强行止之。李泌知肃宗急于收复，但不知胜负是否有期。于是先宽肃宗之心，说："此次出行，以臣观之，借列宗列祖在天之灵，乘陛下龙飞之威，正如陛下今日所临幸之郡名，必保定无恙，克复有期。"肃宗大喜，保定小住几日，便命起驾凤翔（今陕西）。

十日之内，各路援兵会聚长安城外，因战乱而一度中断的漕运，沿汉水至梁、洋二州（今陕西汉中一带），源源不断将江南租米、轻货运至关中，使围城大军及肃宗行营供顿丰足，无后顾之忧。各路将士士气大振，群情激昂。

肃宗马上派使上表仍在成都的太上皇玄宗。路上信使络绎不绝，传递着最新的军情、动态。

陷入贼掌的长安城内百姓，听说肃宗已率大军兵临城下，纷纷从城中逃归，日夜不绝。

数月后，两京相继收复。举国同庆。

两京刚收复，叛军并未剿平，朝中内诈又起。一日，李泌以所采松、樛枝隐在背后，向肃宗辞行归隐，肃宗怪而问之："正欲与先生共议大政，同享富贵，为何如此急欲离朕而去？"李泌不慌不忙，说出一番话来。肃宗问松樛枝有何喻义，李泌答道："养和。"肃宗默然许久，知李泌不可强留。百官故旧与李泌别于灞桥，肃宗则从东城夹道登城，眺望李泌远去，只见霞光如血，丘原起伏，水天一色。此是后话。

七、浊水兴澜　避邪扶正

回头且说，玄宗皇帝是个多情天子，后宫佳丽数千，膝下皇子数十，皇孙百余。肃宗长子单名俶，为嫡皇孙，虽宽厚而敢决断，喜惧不形于色，颇得玄宗钟爱，年十五，即封为广平王。安史之乱起后，玄宗率太子等仓皇出逃，车驾渡过渭河，百姓遮道乞留太子（即肃宗）。广平王之弟，肃宗第三子单名倓，时已封建宁王，亲赴行宫劝太子说："逆胡作乱，四海分崩，不顺民情，如何议复兴大计？国家国家，最大的孝道乃是存社稷，如果从至尊（即玄宗）入蜀，则关中河北之地非皇家所有，何以维系人心？应招募各地豪杰，暂往河西，集合西北边军，图复兴大计，此为上策也。"后马嵬坡诸杨被杀，贵妃香消玉殒，百姓再次遮留太子，肃宗才终于下决心北上灵武，与玄宗分道驱驰。

建宁王倓，英毅有才略，骑射绝伦，选骁骑数百侍从肃宗左右，往往一日百战，血战在前，每当听说肃宗饮食不济，涕泗横流，悲不自禁，肃宗由此怜爱有加。

肃宗灵武即位后，欲以建宁王倓为天下兵马元帅，率将士东征，收复失地。李泌深知此事不妥，于是进言道："建宁王确堪称帅才，广平王尚未正位东宫，现今天下世事艰难，兵戈未息，众心所属，在于元帅。若建宁王大功既成，即使陛下不欲使他继位，同立功的将士难道能甘心吗？太宗皇帝、玄宗皇帝不都是因为功勋隆盛，而夺嫡长兄之位继大统的吗？"肃宗沉默不语，许久才点头称是，于是遂以广平王俶为天下兵马元帅，将士方知储位已定，皆倾心拥戴太子。李倓听说后，亲自登门谢李泌说："这下我可安心匡复王室了。"

李泌知郭子仪、李光弼二人手握重兵，广平王新任元帅，未必肯听从号令，于是又与肃宗商议如何收伏二人。肃宗说："二人出身军将，品级不高，只因这一年国家有难，我又在灵武即位，须借重他们，所以二人迅速升迁，官已三公，日久必骄，有可能故意拖延军期，以巩固自己的兵权，对此我深感忧虑，我准备令先生（指李泌）执掌军政，凡要事均在元帅府中议决，这样可以树立威望，令二将惧服。”李泌答道：“陛下如果真想使他们对臣产生畏惧之心，可用此法。二人未拜谒过元帅广平王，可请广平王先至元帅府中，等二人到时，天寒，臣必设宴备酒招待他们，二人必然会请求拜谒元帅，臣则与他们行酒令，约定酒未过三巡，不得起身，广平王到时，可共谈笑安抚，酒罢，再令二人执谒见元帅礼。这样，他们见元帅以太子之尊屈就臣所行酒令，知陛下宠任臣，臣于军中令必行，如有违令者，臣可握有杀生之权。”肃宗认为此计可行，李泌又奏：“伏望陛下向广平王做些解释，使他知道此番安排是圣上之意，只是想让郭、李二将对臣有畏惧之心，非臣恃恩邀宠。”肃宗说：“广平王与你的关系，两下无猜，你不必多虑。”翌日，天将明，广平王就早早赶到元帅府。等郭、李二人到时，李泌便设宴置酒，执盏为令，相约无令不得起身。

二人果然要求谒见元帅，待广平王来时，李泌就说：“刚才行令，许二位不起。”广平王则说：“岂敢岂敢。”遂马上就座饮酒，郭、李二将相顾失色。三巡过后，李泌才说：“你二位可起身谢恩。”广平王趁机对二将言道："先生能使你二人如此听令，军国大事还有什么可忧虑的！寡人也将尽力而为。我们同心成就宗社大计，保住江山，不辜负圣上对我们的重托。"郭、李再次谢恩。此后，李泌于军中令行禁止，执法如山。

每当肃宗出行军，必与李泌联辔（pèi）而行，同行军士指指点点，交头接耳，窃窃私语道："穿黄衣者，圣人也。穿白衣者，山人也。"肃宗闻知后，对李泌说："国家艰难之际，不敢使先生屈就官职，暂且衣紫袍（一品官服色）以绝众将士之疑。"李泌固辞，终因圣意难违，不得已，穿上所赐紫袍，入谢。

肃宗一见，笑着说："既然已穿紫袍，岂可无名称？"说罢，将早已拟好的委任书从怀中取出，当即任命李泌为广平王元帅府行军长史，侍谋军国重事。李泌坚辞不受，肃宗只好解释说："并非朕要强违先生之意而任为宰相，只是国难当头，需先生拯救危亡。贼逆一旦平定，任行高志，绝不勉强。"李泌只好奉旨。肃宗大喜，遂将元帅府设在禁中，广平王与李泌相随出入，共议军政，二人配合默契，关系甚为融洽。

李泌见诸将畏惮肃宗天威，陈奏时，往往语无伦次，词不达意，于是又向肃宗建议，诸将奏事先令往元帅府，待李泌与广平王详议后，再奏闻肃宗可否。

当时，军务繁剧，四方奏报不绝，自黄昏至拂晓，彻夜不间断，肃宗都令送至元帅府，李泌先开封阅览，如有急务，便重新封好，传入禁中。唐时皇宫及官府大门，都在门侧设置轮盘，内外相通，入夜门闭后，不得开启，凡有急切文书，则投入轮盘，使之向内旋转递送进去。若非急件，则待天明后，正式报送。

李泌掌管宫禁钥匙，往往夜不能寐，渐显憔悴之态。肃宗感慨万分，为之动容，对李泌说："卿侍上皇（玄宗），中为朕师，今下判广平王元帅行军长史，朕父子都借助卿之道义。"

肃宗见安史叛军气焰仍嚣张不已，各地军民虽奋起反抗，但胜负未定，似成拉锯之势，忧心忡忡，心急如焚，恨不能即刻龙飞九五，荣登金銮，召李泌问道："以先生明见，今敌强如此，何时可破？"李泌对曰："以臣观之，安史叛军将掠夺的金帛美女，悉数送往洛阳，这种做法背后岂是雄踞四海、一统天下之志？完全是苟且之心。目前，只有胡人将领追随他们，汉人除少数变节分子外，其余大都是受到胁迫或伺机而动者。以臣料想，不出二年，天下无寇，陛下勿心急，欲速则不达。”

肃宗不明其故：“先生何以见得？”于是李泌娓娓道来：“臣观天下形势，虽战火四起，中原涂炭，两京陷落，圣驾播迁，而王师兴兵，征讨坚虐，乃民心所向。但敌寇精锐尚全，王师应徐图万全之策，不留遗患。贼中骁将，不过史思明、安守忠、田乾真、张忠志、阿史那承庆等数人而已，今若令李光弼自太原出井陉（井陉素有“太行八陉之第五陉，天下九塞之第六塞”之称，乃陕西、山西之通衢要冲，历代兵家必争之地）入河东（唐朝道名，相当于今山西地区），则史思明、张忠志不敢离范阳（今北京地区，叛军老巢）、常山（今河北地区），安守忠、田乾真不敢离长安，郭、李布成钳势，以两军禁其三地，系其四将。能追随贼首安禄山驻守洛阳的则只有阿史那承庆一人了。愿陛下敕令子仪，虽兵精将强，但不可恃势妄取华阴（距长安东九十千米），使洛阳与长安两京之道畅通，陛下将召集而来的军队驻扎在扶风（距长安西八十千米），与郭、李成犄角之势，共出击敌，敌救首则击其尾，救尾则击首。敌北守范阳，西救长安，往来数千里，疲于奔命。我军则以逸待劳，贼至则避其锋，贼去则乘其疲，不攻城，不拦路，贼精卒劲骑，不逾年必疲惫不堪。再命建宁王为范阳节度大使，沿塞上与光弼军成南北犄角之势，以取范阳，覆贼巢穴。贼众退无归所，留驻两京又非久安之策，军心动摇，然后大军四面合围，擒贼有期。”

这是李泌纵观天下形势、敌我优劣，经深思熟虑后提出的制敌方案，当时就有人称赞道，“李泌之策可与诸葛亮《隆中对》定三分天下策媲美”。

可惜，肃宗急欲夺回长安，以固帝位，恐夜长梦多，上有太上皇在蜀遥观，下有众兄弟临四方掌军，功不速成，势必危及皇位。

正在此时，西北边军及西方诸少数民族入援之兵会集关中，肃宗便对李泌说：“先生之策虽然万全，但观今日形势，大军齐集，粮草已备，我强寇弱，战必胜，攻必克，何以劳师千里北上先取范阳呢？”

李泌道：“若陛下以大军直取两京，必得之。但贼必再强，我必又困，非久安之策。”肃宗不解，说：“这又为何？”李泌解释道：“今我方所依恃者，皆西北边军及西方诸胡之兵，他们耐寒而畏暑，若乘其刚到之锐气，攻安禄山已疲劳不堪之师，必能克敌获胜。两京春气已深，贼寇败后，必收集余众，遁归范阳老巢。关东（一般指函谷关以东，今山西、河南、河北等地）气候炎热，我方将士畏热困疲，必然思归，不肯久留。贼后厉兵秣马，伺知官军西归，必再次南下，战火复燃，平叛无期也。不如先用兵寒乡，捣毁贼巢，贼无家可归，失去根本，则死灰便无法复燃。”肃宗说：“先生此策虽佳，无奈朕收复两京心切，只争朝夕，不能从先生之言。”出宫后，李泌喟然长叹，不免悻悻而归。后果然如李泌所言，两京收复后，不久，史思明收集散兵，重整旗鼓，又自范阳起兵，大举南下，击溃唐九节度所统六十万大军，再度攻陷洛阳，长安震悚。

八、宫闱迭变　倾轧无涯

李泌天生俊秀，目如秋水，凛凛正气，仙风道骨，视富贵如浮云，远离权势，不想由于受到肃宗皇帝的信重，又与太子过从甚密，惹恼了两个人。这两个人皆非同小可。一个是肃宗的皇后张氏，聪慧善辩。玄宗奔蜀时，张氏见民众遮留太子（肃宗时为太子），遂与肃亲身边亲信宦官李辅国共同劝赞，肃宗才坚定了北上灵武之心。由于卫队单寡，每当傍晚，张氏必睡在靠门一侧，挡住肃宗。肃宗不以为然说："夜晚虽须警惕，但御贼非妇人事。"张氏答道："方今变生不测，若仓促有警，妾身可抵挡一阵，使殿下有机会从容逃脱。"行至灵武后，张氏产下皇子，三日后，便起身为将士缝补衣衫，肃宗多次劝止，她却说："现在岂是能安心调养之时？"由此，肃宗百般宠爱，将张氏从妃子正位为皇后。建宁王倓对张氏的举动看不惯，多次到肃宗面前诉说张氏的不是。玄宗滞留在蜀时，念及张氏鞍马劳苦，遂赐以七宝鞍一具，价值连城。当时李泌建议分赏给众将士，以抚军心，建宁王倓赞同此议，张氏未得赏赐，归怨于建宁王与李泌，必欲置之死地而后快，心胸狭促可见一斑。肃宗此时已受到张氏挟制，畏惧之心日增，对其无可奈何。张氏又与李辅国相勾结，共同排挤李泌。建宁王侠骨英气，最容不得这种小人，曾愤然对李泌说："先生之恩德，无以报答，愿为先生除害。"李泌连连摇头道："张氏虽非生母，但为人子也不当言此，请不要先发制人。"将此事压了下来。另一个就是大宦官李辅国。这李辅国本名静忠，少阉，初入宫时因其貌丑，分派去皇家马厩养马，后高力士看他粗知文墨，勤勉有心计，遂稍加提拔，后得入侍东宫，服侍太子。安史之乱，六军将士马嵬坡哗变，他献计于太子，分兵趋灵武，竭尽全力扈从，至灵武后，又力劝肃宗即皇帝位。肃宗即位，遂倚为心腹，不断提拔，令他掌管四方奏章、军符、玉玺，并赐名辅国，以示亲信。李辅国常宣称信佛，手持念珠，不沾荤腥，众人都以为他善良柔弱，其实内怀奸诈，阴险毒辣。他见张氏受到肃宗专宠，于是私下里攀附逢迎，二人遂狼狈为奸。由于建宁王经常在肃宗面前揭发他们，尤其是张氏曾在从马嵬赴灵武的途中，借宿于土豪李谦宅，李谦伟岸风流，张氏风情万种，不免生出些风流艳遇，建宁王恰有所闻。李辅国与张氏见建宁王手握重兵，又得到肃宗喜爱，于是到肃宗面前肆意诬陷说："建宁王由于没被任为元帅，怨气冲天，正秘密策划谋杀广平王。"肃宗正值军务匆匆，战局未明朗化，很怕因小乱而酿大祸，遂赐建宁王死，天下皆惜之。

广平王非张氏嫡出，建宁王之死使他极度忧惧，而殃及李泌。一日，李泌午休未起，李辅国借口有要事相商，径直入内院，靠近床头一边说话，一边用他那肥重近二百公斤的身体压在李泌身上，要是常人，数分钟必窒息而亡，岂料李泌已修得闭气胎息之法，乃闭气与之抗衡，数十分钟后，李辅国才悻悻而退，李泌则面不改色，调整呼吸，从容起身视事。广平王闻知，更加惧不自安，找到李泌说："我贵为太子，先生尊为国师，却不能避祸，不如趁早除去二逆。"李泌劝阻道："此事万望三思，建宁之祸已是前车之鉴。"

广平王忧虑道：“恐怕先生日后遭毒手。”李泌说：“我与主上有约，待京师平定，我当还山归隐，不问政事。”广平王一听，大惊：“先生若离去，则我就更危险了。”李泌说：“只要殿下能尽孝，张氏一妇人，委曲顺迎，她又能如何呢？”李泌此番话，使广平王茅塞顿开，后果然因此而免遭张氏陷害。

眼看收复两京、重振纲纪指日可待，肃宗不禁喜形于色，夜不成眠，遂令宫人掌灯，夜坐堂中，召颍王等三弟及李泌夜叙，几人围坐于地炉旁，边吃边谈，因李泌正修辟谷之功，绝粒多日，肃宗特为他亲自动手烧好冰糖梨羹赐食。颍王一见，心中酸楚，请求道：“陛下从未亲自动手料食，今请赐与我兄弟三人分食。”肃宗却不给，说：“你等已酒足饭饱，先生绝粒，只能服食果蔬，何必相争？”颍王一脸失望之色，说：“臣等不过试陛下之心，不想偏心如此。不然，我兄弟三人共乞分食一只可否？”肃宗仍坚持不给，令再取其他果物赐之。颍王等三兄弟齐言道：“乞食只是因此乃陛下自烧之梨，其他果物有何用？”只好作罢。信王平时爱吟诗弄文，借机建议：“先生受到陛下如此恩渥，臣等可否联句赞咏，日后留作纪念。”于是三兄弟欣然联吟，颍王年长，先道：“先生年几许，颜色似童儿。”信王接言道：“夜抱九仙骨，朝披一品衣。”三弟益王道：“不食千钟粟，唯餐两颗梨。”吟罢，三王请肃宗结尾，肃宗笑曰：“天生此间气，助我化无为。”正所谓，居山潜隐，栖遁幽林，人事不交，化外超然；入内辅佐，密谋匡救，动合玄机，社稷之镇。

李辅国、张氏得知夜聚赐梨之事，衔恨愈深，必除之而后快。

长安收复后，肃宗派使臣乘骏马将仍在行营中料理军政的李泌接入宫中。见面后，对李泌说：“今有三事与先生相商：一是朕为太子时，李林甫为相，不但反对立朕为太子，还多次构陷，使朕险遭不测，此次还京，必发其冢，焚骨扬灰，以解心头之恨。”

李泌一听，认为不妥，道：“陛下方定天下，为何要仇恨已死之人呢？死人枯骨岂会有知？这样做，只会让天下人叹陛下圣德不弘。况且，目前从贼反叛者皆陛下之仇人，若闻此事，恐阻挠其自新投诚之心。”

肃宗露出不悦之色，说：“李林甫昔日百般危朕，当时，朕朝不保夕。今日幸得全生，乃天意也。他对先生也存恶心，只是未能置于死地而已，你如何反倒为他开脱，生怜悯之心？”

李泌对道：“李林甫为人臣心里很清楚。但上皇有天下近五十年，一向太平娱乐，一朝失意，远避巴蜀。南方气候恶劣，上皇年事已高，一听陛下要罪及爱臣尸骨，内心会惭愧不安。万一感愤成疾，天下人会怨陛下以天下之大竟然不能容君亲。”

肃宗不待李泌言毕，已泪流满面，降阶，仰天而拜，“朕居然没有考虑得如此周全。此乃上天使先生告诫于朕。”然后抱住李泌脖颈痛哭不已。

第二件事，是肃宗想立张氏为皇后，当时张氏还只是妃子。李泌又劝道：“陛下灵武即位，是因群臣想立功受赏，顺应民心才能匡复，故非为一己之私。至于家事，宜待上皇之命，不过晚数月而已。”肃宗听从了这个建议。

第三件事，也与玄宗有关。原来肃宗总感到未禀上皇旨意，便私自登基，恐天下人指责，于是待长安收复后，马上派使臣入蜀，表请玄宗东归，自己则仍还归东宫执臣子之礼。当他将此事告诉李泌时，李泌连忙问道：“此表可否追回？”肃宗说：“使臣已出发数日，恐怕已难追回。”李泌说：“上皇不会回京了。”肃宗大惊，忙问其故。李泌说："理势自然。"肃宗搓手顿足，不知如何是好。李泌说："事情尚可补救。马上请群臣上贺表给上皇，将马嵬请留、灵武劝进、最终大功告成的过程叙述明白，然后表示今圣上朝思暮盼，愿上皇速还京以全孝养之意。"于是肃宗立刻使李泌起草，表成后肃宗边读边流泪，说："朕始以至诚迎上皇东归还政，今闻先生之言，方知失误太甚。"又马上令中使奉表入蜀。此事办完，肃宗心方安定，召李泌饮酒叙谈，同榻而寝。

从上述三件事的处置过程中，可知李泌不仅对天下大势成竹在胸，对人事亦颇有研究，才能揣摩安史之乱后玄宗、肃宗父子二人形成的复杂关系及微妙心态，避免了宫廷内的争权，理顺了错综的关系，维系了平乱后的安定。

但张氏与李辅国心中更加不快。张氏是因当皇后的事竟然被李泌阻扰，而李辅国则不愿玄宗回京，二人各怀鬼胎，都寻机下手。

李辅国自还长安后，晋级封爵，宰臣百官，凡奏事，都由辅国传达给肃宗，又掌管禁军，凡有大案，也都由他随意处分，别人不敢言不，好不威风。只是上皇自蜀还京后，李辅国心中忐忑，生怕肃宗一旦失政，归政上皇，自己将一落千丈。再加上他出身微贱，玄宗左右皆不尊重他。于是屡屡向肃宗诬陷上皇宫内有人密谋夺权，张氏也在旁边添醋加油，不由得肃宗不起疑。他干脆假称圣上诏令，将玄宗身边亲信高力士流放到海南，将玄宗从兴庆宫移到宫城内西宫，不许召外人进内，还下令裁撤供奉上皇的一应衣物、器具、设备、侍役等。玄宗后郁郁而逝。

李辅国万事称心，只是看到自灵武起，肃宗就令李泌掌管宫禁钥匙、符契等机要之物，李泌又敢于直言，胸有成算，恐日后失宠，竞争不过，遂在肃宗面前不断搬弄是非，诋毁李泌。肃宗虽然有所警觉，但也渐渐与李泌疏远起来。

李泌乃何等聪明之人，他先请求肃宗将原由他掌管的钥匙、符契移交给李辅国，肃宗竟然许之，遂去意已定。

一日，肃宗心情愉快，在沉香亭游赏时，李泌乘机请求说：“臣今报陛下大德已足矣，请复为闲人，自娱山水之乐。”肃宗虽惊，但并未失色，说：“朕与先生共度忧患数年，今正应偕同娱乐，奈何欲速离去？”

李泌说:“臣有五不可留，愿陛下详察，听臣离去，方能免祸。”肃宗不解:“到底为何事？”李泌对道:“臣遇陛下太早，陛下任臣太重，宠臣太重，臣功太高，行迹太奇，此五者是臣不可留之原因。”肃宗说:“天色将晚，今夕朕与先生同榻而眠，明早再详议此事。”李泌仍坚持说:“今日陛下邀臣同眠，如不答应臣的请求，明日上朝升座，更不会允许了。陛下不准臣离去，是杀臣也。”肃宗说:“没想到先生对朕怀有如此戒心。朕岂能害你呢？先生大概把朕当作勾践（战国时越王，称霸后杀功臣）了吧？”李泌说:“正因为陛下不会害臣，故臣请求归隐，若陛下已存此心，臣岂敢言归。况且，杀臣者，非陛下也，乃‘五不可’也。陛下昔日待臣恩渥无比，臣犹有事不敢开口，况天下安定后，臣更不敢言了。”

肃宗沉默了许久，才说:“先生是否因朕不从先生北伐之谋，而急于收复两京？”李泌说:“非也。所不敢言者，是因建宁王之事。”肃宗说:“建宁，朕之爱子，性情英毅果敢，艰难时屡建功勋。只因受小人教唆，欲谋其兄，篡夺太子之位，朕以国家社稷为重，不得不大义灭亲。难道先生不知原委吗？”李泌回答说:“建宁王如真有夺嫡之心，广平王必当怨恨不已，但广平王常常对臣谈及建宁蒙冤而亡，动辄流涕呜咽。臣正因今日向陛下辞官，才敢言此事。”肃宗仍不以为然，道：“建宁曾经乘广平夜眠时，欲闷死他，难道不是事实？”李泌说：“这都是出于谗人之口。岂有如建宁这般孝友聪明者，肯做这类卑鄙之事？况且，陛下曾欲用建宁为天下兵马大元帅，臣劝阻，请用广平。建宁若真怀有歹心，必定恨臣。但他反倒认为臣忠心事主，对臣愈加亲善。陛下可从此事察知建宁之心。”肃宗怆然涕下，说：“先生所言极是。既往不咎，朕不想再听了。”

李泌继续说道：“臣所以旧事重提，非咎既往，乃欲使陛下慎将来。昔则天皇后有四子，长曰太子弘，天后因准备代唐自立，恶太子聪明过人，于是派人鸩（毒酒）杀之。又立次子雍王贤。贤忧惧万分，作《黄台瓜辞》一首，希望天后览词而有所感悟。不想天后执迷不悟，又将贤害死于黔中（今贵州地区）。他所作辞流传于世，臣至今仍能记诵，其辞曰：‘种瓜黄台下，瓜熟子离离。一摘使瓜好，再摘使瓜稀。三摘犹自可，摘绝抱蔓归。’今陛下已摘一瓜，慎勿再摘。”肃宗愕然，

“怎么会如此呢？先生把辞抄录下来，朕当书之屏风，以此示警。”李泌说：“陛下只要牢记心中便可，何必非张扬于外呢？”

李泌说此话时，正因广平王立有大功，张氏忌妒，不断潜构流言，诬陷诽谤，肃宗已萌疑惑之心，只是尚未形之于色。李泌一席话，父子二人遂冰释前嫌，两下无猜了。

后人读史者每当阅览于此，总不免掩卷而叹：“如李泌者，历事三朝，皆能言人所难言之事，真天下奇士也。”

此乃李泌一固东宫。

九、空谷梵音　让相十年

李泌三上衡山，心情同以前又不一样。前次因壮志未酬，又少年稚嫩，心无所归。此次则历经人世沧桑，只想调整心境，静观时变，或可早日得道超脱。

肃宗见李泌执意要走，便不多加挽留。想到功业已成，帝位已固，也无法处置李泌，索性任其自为。为表示恩宠之意，特降旨地方官派人为李泌在衡山衡岳寺旁修宅一所，供其休养隐居。

李泌将此宅命名为“端居室”，把家中藏书及成年后所购、别人所赠之书陆续运到山中，每日三件事，修道、读书、游山。远离宫廷倾轧之漩涡，抛弃富贵名利之尘世，倒也悠然自得。

一日，李泌正独自端坐室内静练吐纳导引之功，有寺中和尚念经声隐隐传入耳，其中有个声音独高出众僧，先凄楚后喜悦，不同凡响。李泌闻得此僧梵音非凡，决心一会。于是向寺中和尚打探此僧来历。

原来，此僧法名明瓒，云游四方，于玄宗天宝初年行至衡岳寺，身材高大，衣衫褴褛，但举止粗俗。寺中长老便收留他做寺中杂役僧。白天埋头苦干，夜晚睡在牛栏中，吃别人的残汤剩饭充饥，并无丝毫怨言。他虽辛勤劳动，僧徒却欺负他地位卑下，指责他又懒又馋，专吃别人的剩饭，于是唤他“懒残”。

懒残有一大嗜好，酷爱读书，常常因读书入迷，天气突变时也无所察觉，雨中、雪中都手不释卷。每当挑水、放牛、打柴或躺在山坡岩洞里，他都哼唱:“世事悠悠，不如山丘；青松蔽日，碧涧长流；山云当幕，夜月无钩；卧藤萝下，块石枕头；不朝天子，岂羡王侯！生死无虑，更复何忧！”众僧徒原以为他只是疯疯癫癫、自说自唱，待听清歌词后，仍不以为意，认为他不过疏狂之徒耳，并不搭理他。

李泌得知上述情况，断定懒残和尚必是身有绝学、暂遭谪堕之人，应是深谷知音。

一天深夜，月光如水，李泌踏着月色叩开了懒残和尚所居的牛栏柴门，通报姓名，便施深深一揖。懒残竟然怒气冲天，对李泌吐口唾沫，骂道：“你乃害我者。”李泌默然不语，又毕恭毕敬三次下拜。懒残并不理睬，余怒未消地坐到牛粪火旁，顺手拿起一根柴禾，从牛粪火中拨出一个煨熟的山芋，连皮吞吃起来。吃剩半个时，斜眼一瞟，见李泌仍执礼肃立，便唤李泌席地而坐，怒容全消，然后信手把吃剩的山芋掰下一半，递给李泌说：“君勿多言，分我半片煨芋，领取十年宰相。”李泌恭恭敬敬地接过山芋吃下，然后拜谢而退。走出不远，林间松涛，阵阵涌来，只听懒残梵音高唱：

携筇小步踏苍苔，
遥指青山云正开；
涧水松风听不绝，
又叫童子抱琴来。

李泌心中若有所动，知懒残乐山情怀，淡于人世，将十年功名出让，不禁莞尔一笑。

从此，李泌发愤读书。唐代大文豪韩愈有一次登衡山访谒李泌，叹其藏书丰富，博学多识，自愧不如。

后人有诗赞道：

三万轴书卷无存，入室追思名宰相；
九千丈云山不改，凭栏细认古烟霞。

山中岁月短，世上炎凉长。转眼李泌在山中已二年有余。肃宗皇帝自以为天下已定、万事无虑了。但安史余党叛附无常，各地将帅拥兵自重，民众怨声载道，内又有李辅国恃权无忌，张皇后邀宠无已，肃宗内外受制，不禁想起李泌，遂忧郁成疾。

张后本与李辅国相互勾结，狼狈为奸，但渐渐因争权而产生矛盾。肃宗病重后，张氏召太子广平王说："李辅国久典禁兵，经常假借皇上名义下颁诏令，又擅自逼太上皇迁入西宫，罪大恶极，他畏忌之人唯我与太子。今圣上已处弥留，辅国欲与禁军反动叛乱，不可不诛。"太子说："今陛下病已甚危，辅国乃陛下勋旧之臣，一旦不告而诛之，恐惊扰圣体，此事断不可行。"

张氏一看太子优柔寡断，不能同谋大计，于是召越王李系，命他选宦官有勇力者二百余人，全副武装潜伏在长生殿后，然后令人召太子上殿议事。有人密报于李辅国，他赶紧选五百甲士守住宫门，护送太子入宫，并于当夜率禁军将张氏、越王等人拿下，幽禁于后宫。肃宗当时正在长生殿卧养，听殿内外喧腾一片，白炬如昼，知其剧变，心室颤动，头晕目眩，顷刻便命归黄泉。

太子素服见宰相，告知肃宗驾崩升天之事，三天后便登帝位，即为代宗（李豫）。

李辅国恃功益骄横无比，欺代宗懦弱，不堪大事，俨然以长辈自居，对代宗说："陛下只须静居禁中，养生享乐，外廷政事听老奴处分便可。"无所忌惮。

代宗想起昔日李泌在朝，幸得忠言，方能免张氏之祸，今日如能出山辅弼，乃社稷之幸，于是遣中使速发衡山，急召李泌入朝。不想中使到衡山后，端居室中并无李泌身影，踏遍诸峰，仍无所获，只好回京还报。

李泌此时陷在一洞穴中，不得自拔。李泌夜行山路，忽遇蒙面大盗三人，拦路抢劫，却一无所获，于是将李泌投入深谷悬涧。日出时分，李泌才苏醒过来，已落入一深穴中，身下有树叶铺陈丈余厚，故毛发无损，穴有清泉汩汩，上方穴顶有一小洞，日光射入，略见光明，只是四壁陡滑，无法攀援。忽然从壁内闪出一人身影，道士装束，自称“南岳第一法师张先生”，专为李泌受录而来（受录，道家一种驱鬼避邪之术）。李泌请求归隐道山，张先生言道：“仙法严备，你俗缘未尽，复有廷闱之恋，家事未了。当匡佐四圣而复能脱屣（言升天）。”言罢，授符而隐。

李泌在洞穴中端坐，只见日升日落，以清泉苔藓充饥渴，浑身并无不适之感。第三日，听洞口有樵夫砍柴之声，于是高声求援，借樵夫绳索攀援出洞，一问，代宗即位已三个年头。也正该代宗三年不遇李泌。

十、三佐人主　风波屡兴

代宗登基三年，对李辅国格外恩赏，升迁至宰相，先夺其所掌禁军之权。数月后，罢其相位，令还乡就养。辅国忧愤交加，恨恨地说："老奴死罪，事郎君不了，请于地下事先帝！"代宗听后，不动声色。当夜，有盗潜入辅国内宅，杀辅国，携首级而逃。不知何人所为。代宗命人刻木首安于无头之躯上，遂安葬。

李泌随使臣入京时，正值代宗除恶已毕，心绪极佳，一见，代宗便紧握住李泌之手，感慨地说："不期今日又能遇见先生。"立刻命人将李泌离京时所归还的金紫官服捧出。闻知李泌富于藏书，又下令工匠在宫城内蓬莱殿侧、太液池旁建书院一所。代宗经常着便装，穿拖鞋，过书院与李泌叙谈。叙及往事艰难，言及岁月不闲，唏嘘不已。

代宗又令人于城东郊白花屯为李泌造一所外宅，使他可于宅中会见亲朋旧友。

此后，凡迁除京中要职、地方要员，以及军国大事，都与李泌先议后决。又欲以李泌为宰相，正式统领百官。李泌知任相时机未到，自知只有十年宰相之数，于是固辞不受。代宗深感遗憾，只好自解道："这样也好。省得一旦任相，与先生不能晨夕相见，万一机务烦要，岂不误朕大事。不如就居近密之地，何必非正式签署一纸任命敕书？"

代宗年号大历，李泌到京时，已到大历三年（公元 768 年）。这年端午节，诸王公、后妃、公主各献珍宝奇货，独李泌无所献。代宗怪而问道："先生难道不准备献什么吗？"李泌对答说："臣居禁中，自巾至履皆陛下所赐，所余仅有一身耳，用什么来献呢？"代宗说："朕今日正想求先生以此身上献。"李泌说："臣身如非陛下所有，又谁能有之呢？"代宗说："先帝欲以先生屈就宰相之位，而终不能成。既然今日先生已献身于朕，当任朕所为，先生不能不从。"李泌说："陛下想让臣做什么？"代宗说："朕欲使先生食酒肉，娶家室，受禄位，为俗人。"

李泌一听，泪流如雨，说："臣已绝粒二十余年，陛下何必使臣毁道夺志？"代宗不顾："哭复何益！先生身在九重之中，属朕所有。"于是命中使为李泌重葬双亲，再修坟墓。又从名门望族中为李泌亲自挑选佳人。

李泌对小娥不能忘怀，实在对婚娶之事不感兴趣，但年逾四十，又有代宗主持，只好一一相亲。所参选女子中有一卢氏女，面容酷似小娥，双目似有所言，李泌念道："此乃天意，非人力所能为。"遂决定娶卢氏女为妻。

代宗大喜，令官府出资筹办婚宴，并在城内光福坊赐宅一第，令李泌数日留宿第中，数日仍宿蓬莱院。李泌与卢氏相敬如宾，数年后喜得贵子。

天下本无事，庸人自扰之。李泌命中注定匡四圣而须遭四劫。朝中除去一逆，又有二恶磨难李泌。

代宗除李辅国时，曾倚重一人，此人姓元名载，家本微贱，其父因负责为曹王妃元氏收取田租，故冒称元氏亲族，而改姓元。元载文章秀丽，又善伺人意，曾以重金贿赂宫内宦官，刺探代宗意向。每上朝言事，往往符合代宗本意，因此升迁极快。

安史之乱后，地方上统兵之节度使，多跋扈飞扬，不听命于中央，尾大不掉，难以节制。朝廷租税收入多被他们截留，往往入不敷出、捉襟见肘。朝廷为赏赐立功将士，往往只好收集宫内珍玩，以充其数。

元载被任命为相后，千方百计搜刮民财，曾派使臣到江南讨取百姓自安史之乱以来八年欠交的租税。江南人民虽幸免于兵火，因安史叛军受阻未能过江，却未逃过此次灾难。元载使臣每到一处，往往十室九空，中人之家大抵破产，贫苦农民被迫流亡，即便是富庶之户，也都财去八九，勉强维持。他将搜刮来的财物，进献代宗。代宗还以为他精明强干，善于理财，于是将朝廷财政和选官大权都交由元载典掌。

元载得到代宗宠信，自以为文才武略天下无双，更加肆无忌惮。排斥忠良，纵诸子收受贿赂，尽情挥霍享乐。在京城城南城北各建造一座府第，奢华壮观，号称“京都第一第”。又在京郊购良田造别墅，疆畛相望，数十区，风采各异。宅中宴集，名妓献艺，异技表演，连皇宫盛宴也比不上。宅内所藏珍奇无数，仅钟乳就有五百两，胡椒达八百石（dàn）。

代宗曾得到密报，多次劝诫元载，但他仍不醒悟，毫无悔改之意，反倒把告状的人严刑拷打致死。

元载忌李泌直言，又畏恐分己权，于是在代宗面前诬陷李泌说：“李泌常与亲故在禁军营中举行宴会，一定有所图谋。”代宗说：“禁军，皆是从先帝北上灵武之将士，多为李泌故旧，朕特准他们团聚叙旧，不会图谋不轨。”但元载仍攻讦不已。正巧江西观察使（地方最高长官）魏少游，请求朝廷派要员协助他处理政务，代宗就对李泌说：“元载狭隘，不能容先生，朕今匿先生于江西，珍重自保。待朕决意除掉元载时，必然会遣使报信，先生可速速还京。”于是委任李泌到江西任职，并嘱咐魏少游不可亏待李泌。

代宗容忍有限，只因朝中上下都是元载党羽，恐泄漏。一忍再忍，转眼李泌离京已有七年。一日，代宗见禁军大将吴凑侍侧，旁边无人，于是与他密谋诛元载之事。吴凑乃代宗舅舅，早就对元载行径恨之入骨。第二天清晨上朝，代宗御延英殿，元载入内奏事，代宗一声喝令，吴凑指挥早已埋伏好的卫士从帐中拥出，将元载擒拿入狱赐死，连同朝中党羽一网打尽。抄家没收财产，积蓄之多，令人震惊。代宗还遣中使发掘元载祖坟，凿棺弃尸，毁元氏家庙，焚烧墓主。

可见积怨之深。

元载事平后，代宗速将李泌从江西召回，感伤地说：“与先生别八年，乃能诛元载贼党，实属不易。与先生初交时，皆为少年郎，今两鬓已挂霜，不知君臣缘分还有多少年？”李泌说：“臣昔日曾言，陛下知群臣有不善者，应坚决去除，优容太过，会生不测。”代宗点头称是，但李泌知代宗优柔寡断，自身还有一劫。

不想前门出虎，后门入狼。元载死后，代宗又起用另一奸臣常衮为相。元载在世，秽声四布，招权纳贿，而常衮以清俭自贤，拒受贿赂，一副秉公执政、廉洁自律的姿态，由此受到代宗信任，委以重任。

可惜常衮也是个狭促奸诈的小人，见李泌入京，代宗又是促膝长谈，又是赏赐无数，妒火中烧。假意对代宗说：“臣知陛下早欲用李泌，昔汉帝用人为公卿，必先放到地方做亲民之官，可以试其理政之能。请陛下暂且先任李泌为刺史，使他下察民情，广知人间利病、黎庶疾苦，再当大任不迟。”

代宗当然知道常衮用心，可受制于人，又不能专断，于是降旨李泌先赴楚州刺史之任。楚州虽距京师数千里，但东濒海，西控江，相当于今湖北、安徽、江苏北部，不失为鱼米之乡。代宗欲使李泌任职富庶之地，以免受穷困之苦。行前代宗恋恋不舍，又留李泌在京数月。

常衮已等得极不耐烦，恐夜长梦多，正好澧州刺史空缺，于是上奏，称赞李泌善治理民政，可速派往澧州赴任。澧州在今湖南境内、洞庭湖西，今非昔比。唐时，气候潮湿，生产落后，民风淳厚慓悍，虽不属远州、恶州、边州，但一般做官者大多不愿被派往该地任职，总以种种借口推托。

李泌并无二话，任命一下，当即束装向代宗辞行，代宗表示，先生暂且委屈数月，朕择机必调先生任职美州。果然，李泌到任才半年，诏敕下达，改任杭州刺史。西湖美景，雷峰夕照，别有一番乐趣。

十一、中兴匡复　再佐人主

代宗于大历十四年(公元 779 年)染疾,一病不起,命皇太子监国,数日后,驾崩于紫宸殿,太子李适即位,即为德宗,年号建中。

德宗为太子时,目睹父皇内受制于元载、常衮,外受制于藩镇节帅,寇难屡起,国运日衰,内心十分不平,一心想重振国威,中兴皇室。一即位,便借机将常衮远贬海南,任用宽宏无争的老臣崔祐甫为相,大小事务,德宗事必躬亲,常恐大权旁落。

建中四年(公元 783 年),藩镇数道连兵反叛,叛军直杀入京师,德宗忙令禁军护驾。不料因待遇优厚,禁军名额大多被市井浮浪子弟纳贿占籍,平时并不操练,一旦遇警,早已四下逃窜,竟无一人应召御敌。仓促之中,叛军已杀至南宫门,德宗只好率后妃、太子、诸王、公主从禁苑北门出逃，幸好王贵妃慌乱之中仍不忘将传国玉玺揣在怀中。

叛军入城后，杀入宫城中，登含元殿，大呼小叫："天子已出走，现正是自求致富之时。"于是争相砸开府库，劫掠金银珠宝，一些市民不良之徒，也乘机混入宫中，盗取财物。有的进不去宫，索性在坊市里巷剽掠。长安残破，目不忍睹。

德宗即位之初，术士桑道茂曾上言："陛下不出数年，暂有离宫之灾。臣望奉天（今陕西乾县，距长安西北七十千米）有天子气，宜高筑城墙以备不测。"德宗虽半信半疑，但以防万一，还是发民夫数千、军士数千，加高加固奉天城。

德宗一出北宫门，便追忆起桑道茂之言，促令车驾西北行，往奉天避难。不几日，叛军又三面围攻奉天。德宗一看，凶多吉少，只好又南行奔梁州（今陕西汉中）。

喘息未定，德宗竟然想起李泌，扶危解困，非他莫属。当年祖父肃宗北上灵武时，德宗已封为奉节王，李泌奉命教授德宗文学，每每纵横驰骋，言辞切切。代宗时，于衡山召回李泌，为其在蓬莱殿建造书院，时德宗以嫡长子身份已被立为太子，常常往书院浏览李泌藏书，讨论天下大事，李泌之言，往往使德宗心服口服。蒙难之际，想起李泌正任杭州刺史，于是派使臣急召征还。

李泌此次已是四返朝廷，想起衡山张先生所言，十年宰相，四匡人主，算来从玄宗始，历肃宗、代宗，今又辅佐德宗，十年宰相零打碎敲总共五年，年逾花甲，时不我待。当德宗任命他为宰相，令每日于宰相办公厅值日受理政务时，便一无推辞。朝野上下闻听李泌执政，都欢欣鼓舞，认为中兴有望。

当时藩镇将领朱泚、李怀光连兵叛乱，占据河中（今山西永济，距长安东一二百千米），德宗很是忧虑，问李泌："河中距京师过近，李怀光所统朔方军，长期驻守西北，素称精锐，如胡将达奚小俊等皆万人敌，如何对付才好？"李泌却说："天下可忧之事多矣！唯独河中不足忧。善用兵者观察敌情，只观将不观兵。怀光，将也；小俊之流，不过走卒也，何必太在意。怀光与朱泚联合，二人互相牵制，反使官军乘机取胜。陛下还京后，怀光又不束身归朝待罪，反倒虐杀朝廷派去招降的使臣，鼠伏河中，如惊弓之鸟。恐怕不久就会为部下所杀，都不须借助官军之力也。”

驻守陕虢地区的大将胡人达奚抱晖鸩杀朝廷派遣的节度使，与李怀光秘密勾结。陕虢与河中相邻，一旦联合反叛，长安东北门户便洞开，毫无防护措施。况且当时运粮漕船都要经陕虢才能进入京师，如资粮断绝，朝廷便危在旦夕。

德宗考虑再三，决定遣李泌为陕虢水陆运使，借此名义劝喻达奚。德宗召李泌上殿，说：“事已危急，不得不烦卿一往，朕特遣皇家禁卫神策军护送卿赴任，卿认为应带多少兵马？”李泌答：“陕城三面临险，攻之数月都不会克，臣请以单骑入城。”德宗惊异至极：“单骑如何入得戒备森严、又怀二心的陕城呢？”李泌说：“陕城之人，并不想反叛。只是达奚抱晖等少数人为首恶。若臣率大兵压境，城内军民必定闭城固守。若单骑抵城近郊，如达奚等举大兵来迎战，则多此一举；如遣小校来杀臣，说不定在臣的劝导下悔过投诚。今河东军（位于陕虢、河中东边，今山西地区）屯安邑，距陕城不远，河东军大将马燧现正在朝内，请陛下降旨令马燧与臣同行，这样一来，陕人如果想加害于臣，则必然畏惧河东移军讨伐。河东劲卒，锐不可当。如此必安然无恙。”德宗说：“话虽如此，但朕目前正需卿担当重任，宁失陕州，不可失卿。此去凶多吉少，还是派别人前去为好。”李泌坚持道：“别人恐怕更不可能入城了。目前事变之初，众心未定，应出其不意，破其奸谋。如派他人，犹豫推托，耽搁时日，奸谋已成，则更无法前往了。”德宗只好同意。李泌临行前，对陕州派驻长安的进奏官及将吏说：“主上因陕、虢今年受灾，民众饥荒，派我任运使，督运江淮粮米救济。达奚抱晖若效忠朝廷，将派他领兵，若立功，则授予节度使。”抱晖派出的探子也混在其中，一听此话，驰马飞报。抱晖以为朝廷还信任自己，内心稍安。

李泌将情况汇报给德宗，说：“欲使陕兵思米、抱晖思节（授节度使时赐节钺），必定不会加害臣。”遂与马燧同行。

刚出潼关，只见鄜坊（长安北，今陕北地区）节度使唐朝臣以步骑三千布于关外，称，奉德宗密诏护送李泌至陕。李泌坚辞，说：“辞行之日，已面奏圣上，一切见机行事。此行不可有一人相随护送，否则我将无法入陕。”朝臣因受诏不敢擅自离去，李泌只好以宰相的名义代皇上宣旨，这才退兵回营。

李泌至陕州城下三十里，抱晖不遣将佐出迎，只是不断派出探子，探听李泌动静。而抱晖属下的将佐不断有人私自出城迎接。李泌很高兴，心想“此行必获成功”。

离城十五里时，抱晖为形势所迫，只得出城迎谒。李泌先称赞他摄领众务、保护城池之功，然后表示：“军中是非，一概不问。所有职务一如既往。”抱晖满脸喜色而安排入城之事。

李泌入城后，着手处理军政要务，凡有人请求与李泌单独面谈者，他一概回绝说：“非常时期，是非恩怨，必不可免。但既然我已理政，自会处置，请不必多言。”这样一来，原来追随抱晖欲反叛者才安定下来。

李泌核查账簿，整办粮储，井井有条。然后召抱晖对他说：“并不是我爱惜你才不杀你，只是担心还有不少首鼠两端之地，朝廷所命将帅因你被杀而无法赴任，所以恕你一死。你须祭吊被你所杀的前任节度使，然后速速离去，不要入关，悄悄护送全家择一安全之处，必无他虑。”抱晖谢过不杀之恩，遂悄然离去，不知逃往何处。

李泌刚打发走抱晖，德宗便派遣中使到陕，中使持有德宗圈定的陕将七十五人名单，都是抱晖的左右亲信，令诛之。李泌使中使还奏："已打发走抱晖，余下的不必再问罪了。"但德宗坚持要依法行事，又遣中使宣布圣旨，李泌只好把为首的五人解送京师，恳请能赦免他们的死罪。德宗只好给李泌一个面子，将这五人发配往西北边镇效力。一年后，仍派人将他们秘密处死。君臣有别，宽狭可知。

李泌安抚了陕州，使李怀光与陕兵联合之谋未能实现。达奚小俊本已率兵进至陕境，一听李泌从容入陕，立即引兵回师。

李泌定陕后，马燧便率河东军讨伐李怀光，直驱李怀光所据城下。城外部分驻军在马燧的劝说下，纷纷投诚。城内将士惊恐万状，自相惊扰，夜中数次，一会儿听到有人高叫："城东已有官军登城了！"一会儿又听到："城西已被攻破了！"不断有人缒城而下。怀光知大势已去，于是自缢而亡。其部下当即斩下怀光之首，向官军投降。河中总算平定。

李怀光之子李璀在朝中为监察御史，早就察知父亲有异心，密告于德宗："臣父必负陛下，望早做防备。臣闻侍奉君、父实为一事，但观今日之势，陛下未能诛臣父，而臣父足以危陛下。陛下待臣厚，胡人（怀光为西北少数民族）性直，故不忍不言。”德宗很吃惊，道：“怀光卿爱子天下皆知，纵然卿父有异，也应为父遮掩，怎反倒密奏！”璀答道：“臣父非不爱臣，臣也非不爱父亲与宗族。只是臣能力有限，无力回天。”德宗问：“那么卿以何策能自免于祸呢？”璀答：“臣向陛下进言，并非苟且求生，臣父败，则臣必然与他同死。如臣卖父求荣，陛下又如何能信用臣呢？”德宗说：“卿勿死。为朕往军中劝喻卿父，使君臣父子都能保全，不更好吗？”李璀奉旨往喻怀光，不久即回，奏报：“劝喻无用。愿陛下早做准备，不要轻信人言。臣说喻万方，臣父说：‘你小子知道什么？主上无信，我非贪富贵也，只是畏死耳，你岂可陷我于死地！’”其实确如李璀所言，胡人性直，忠于德宗，只可惜德宗猜忌心太重，又临危难，不得不深存戒心。

李泌赴陕时，德宗曾对他说：“朕所以再三劝喻怀光，实是怜惜李璀；卿至陕，再替朕招谕怀光。”李泌对道：“怀光把陛下从长安逼到梁州（汉中）后，就无法劝降了。岂有人臣追逐其君，而事后又立于朝堂之上！即使他厚颜无愧，陛下每日视朝，怎么对待他？

臣如入陕，即便怀光请降，臣也不敢受，况且去招谕他！李璀如确是贤者，必与父俱死；否则，也不必对他怀有怜惜之心。”

怀光死后，李璀先手刃二弟，然后自杀。当时，只因君臣父子大义凛凛，纲常之教，胡人也不能摆脱其束缚。故李泌虽存宽厚之心，但宥抱晖，而逼李璀，完全是对事不对人，尽臣子之节也。

十二、周旋佞幸　三固东宫

俗话云：乱世英雄显，国危奸臣多。德宗即位屡遭厄运，兵戈不息，一是因多事之秋，积重难返，二是因用人不当，亲小人而远君子。他任用的几个宰臣倾轧不已、攻讦不辍，除李泌远避是非、卓尔不群外，刘晏、杨炎、卢杞、窦参、裴延龄、陆贽等人都陷入混战而不能自拔。

先说卢杞。其父乃玄宗开元名相卢怀慎，卢杞幼承荫绪，博闻强识。但因貌丑、面色如蓝，人见人怕，乡下小儿甚至目之为鬼怪；再加上边幅不修、衣冠不整，食不求精，毫无名门大家风度。他以清廉自居，又能言善辩，会投机钻营，很快从低微的兵曹超迁入京，任清要之职。德宗即位后，很赏识他，不久便任命他为宰相，执掌机要。

一次，平安史之乱立大功的郭子仪生病，探望者不绝，子仪皆不屏退姬妾，唯独门子报“卢杞来访”，他马上命姬妾悉数撤到内宅，然后正襟坐起迎接。卢杞走后，家人不解，子仪说：“卢杞貌丑而心险，妇人辈见之必笑，卢杞得志后会挟嫌报复，郭氏将可能灭族。”当时郭子仪为中兴名臣，带中书令衔（宰相），月俸二万贯，府库珍货堆积如山，家人三千，八子、七婿皆为朝廷显要之官，王公贵戚，家人以仆隶视之。功盖天下而主不疑之，穷奢极欲而人不非之，位极人臣而众不忌之，其部下将领多为大官、名将。连郭子仪这样的赫赫功臣都对卢杞如此谨慎，其险恶可见一斑。

卢杞因自己貌丑，总感到世人都用鄙夷的眼光看待自己，心理状态更加扭曲、阴暗，凡与他对比反差过于明显者，他都不能容忍。

德宗启用杨炎为相，主持财税改革，颇有成效。而杨炎本人自恃须眉端美，风骨峻峙，文藻雄丽，看不上卢杞这种丑貌无识的小人，于是拒绝与卢杞共进工作午餐，最后终被卢杞诬陷而死。

颜真卿是唐代有名的大书法家，所书字体被誉为

“颜体”。不附权贵，忠良刚直。常当面揭卢杞之短。卢杞找个机会，打发颜真卿去劝喻顽固不化的叛将李希烈，一入虎穴，便未能生还。

李揆，门第、人物、文章皆为时人推重，号称三绝。先居相位，后听到卢杞居然也升任宰相，颇不以为然，道：“龙章凤姿之士不见用，獐头鼠目之子乃求官？”不想此话使卢杞无地自容。于是，不顾其年高体弱，力劝德宗委派他出使吐蕃（今西藏）会盟，终因路远途险而病死他乡。

德宗重用卢杞，引起天下怨愤。李怀光身为蕃将，居功不逊，扬言“天下之乱，全是卢杞之辈所为。必当诛之后快”。卢杞闻之，力劝德宗不令怀光入朝朝见，怀光更是怒火冲天，于是才有后来的畏罪反叛之举。德宗被迫将卢杞贬到远州，为此，对李怀光也耿耿不能释怀。

李泌虽然与卢杞同居宰辅，但他一如既往，从不在皇上面前议论是非之事，即便玄宗时受到杨国忠，肃宗时受到李辅国，代宗时受到元载、常衮等人的陷害，几次身临险境，但仍未破例开口，以此保身远祸。卢杞因此并未将李泌视为主要对手。再加上李泌常出外任，与卢杞直接打交道甚少，二人从未正面交锋。

卢杞被贬后，朝野内外欢欣鼓舞。卢杞身在远州，却颇有信心地对别人讲："皇上必定会重新启用我。"德宗果然屡屡找机会赦免卢杞，引起物议沸腾，只好作罢。当卢杞病死异乡的消息传来，大家见面都喜形于色。

德宗却思念卢杞不已，特召李泌论事，说到即位以来的各个宰相，问："卢杞忠清强介，众人却说他奸邪无双，朕如何一点都没察觉呢？"李泌说："卢杞奸邪，天下共知之，唯陛下不觉其奸，这正是卢杞奸邪的证明。倘若陛下早有察觉，怎会有离宫之难？卢杞以私怨杀杨炎，激怒李怀光反叛，幸赖陛下圣明及早将他远贬，人心顿喜，祸亦俱消。否则，如何能平定叛乱！"

德宗说："杨炎视朕为童子，每次上殿论事，朕若批准他的奏议，则高兴开怀，若认为有不妥之处与他讨论一番，立马满脸怒气告辞。看他神态，似乎认为朕不配与他议论大事。如此，朕如何能够忍受。所以并非因为卢杞陷害而致祸。再者，朕离宫奔奉天，术士桑道茂早有预言，此盖为天命，与卢杞无关。"

李泌说："天命二字，他人皆可言，唯独君相不可言。君相正是造命者也，若言命，制定礼乐刑典又有何用？正因为商纣王（古代商朝亡国之君，荒淫暴虐）大言不惭，认为生死兴亡皆有天命，结果导致周武王兴师伐纣，灭亡商朝。"

德宗说："朕好与人一争短长。崔祐甫性情偏激，朕故意难他，往往使他语无伦次。但朕知其短而常袒护他。杨炎论事多有道理，但气色粗傲，稍一讨论，动辄勃然大怒，丝毫不顾君臣之礼，每次见面都令人忿然不平。卢杞为人小心谨慎，凡朕所言，无所不从，又无学问，每次议事都无法参与意见，故朕常感到未能使他尽情抒发，有些遗憾。"

李泌知德宗仍对卢杞怀有眷恋之心，进一步说："卢杞言无不从，岂可视为忠臣！孔子曰：'一言丧邦。'正是指这类言无不从的小人臣子。"

德宗默然，许久才说："唯卿与他们三人都不同。朕所言，凡得当时，卿有喜色；不当，常有忧色。虽然也时常有逆耳之言，但往往用类似卿刚才所举的商纣王及孔子'一言丧邦'为例。朕细思之，皆卿预先提醒过，如此，统治才能安定。像杨炎那种凌傲神态，必致危乱。卿言虽深切而气色和顺，不管朕往复问难，卿辞理不屈，又无好胜争强之志，直说得朕心服口服而不能不从。这正是朕庆幸得到卿的辅佐的原因。”

李泌说：“近日累有人街谈巷议，指责陛下重用卢杞，如同汉之桓、灵二帝（东汉亡国之君），臣今亲承圣旨，乃知尧、舜皆不及陛下也。”德宗听罢大悦。李泌就这样既直抒了己见，又使德宗不失面子。

国家多难，则变生肘腋。太平之世，立嫡立长，平安无事。一经大乱，往往风云难测。太宗、玄宗、肃宗都因功而夺嫡继承大统，又都是父皇健在时，迫其让位而提前登基。所以历朝对太子防范都很严，以致有冤死之魂。李泌历事四朝，代宗、德宗为太子时，都发生过动摇东宫之事，李泌一一尽力化解，使社稷平安，父子保全。不想，德宗朝，已年逾花甲、发须染霜，又三固东宫，再尽臣道。

德宗长子李诵乃昭德皇后王氏所生，德宗即位后，立为太子。他留心艺术，善写隶书，性格宽仁。德宗刻薄少恩，左右多佞幸小人，朝臣大多不敢直言，太子常常论争其事，并劝德宗减娱乐、远宦官，故遭到奸臣忌恨。

太子所娶萧妃，其母为大长公主，即德宗姐姐。萧妃始为太子妃时，德宗恩礼甚厚。大长公主爱好游乐，行为有失检点，经常有几位伟岸美男子出入公主府第。又因女封太子妃，故经常肩舆出入东宫，宗戚皆侧目而视。有人乘机密告大长公主行为不轨，与人淫乱，而且咒圣上速崩，愿太子早日即位。德宗一听，大怒，将大长公主幽禁于禁中，召来太子加责。太子汗颜，不知如何是好，只好请求与萧妃解除夫妻关系。后萧妃被杀。

德宗早有废立之心，于是召李泌告之，说："舒王近已成年，孝友温仁。"言外之意自明。其实，舒王李谊并非德宗所生，乃德宗异母兄弟郑王李邈之子。德宗爱其早慧，收为己子，于诸王中最年长。当时除太子外，其他诸王尚幼，于是德宗才有立舒王之心。

李泌说："何至如此？陛下今堪大用者唯有一子，奈何一旦疑之，欲废嫡而立侄，难道不太失策了吗？"

德宗勃然大怒："卿岂敢离间父子？谁语卿舒王为侄？"

李泌从容不迫："陛下自言之。上皇（代宗）初即位时，陛下对臣言'今日得数子'。臣问其故，陛下说

‘昭靖（即郑王）诸子，主上令我收为己子’。今陛下对亲生之子犹存疑心，何况侄子！舒王固然纯孝，但自今以后陛下可要多加小心了。”

德宗说：“难道卿不怕因言此而招致灭族之祸吗？”

李泌对道：“正因臣要保全家族，故不敢不尽言。若畏惧陛下盛怒而曲从，陛下明日后悔时，必责怪臣任重为相，却不力谏，乃使父子君臣崩析，反倒会杀臣而泄恨。臣已老矣，所余之年不多，若有人冤杀臣子，使臣以侄继嗣，臣不知死后能否受人祭祀。”说罢，呜咽不止。

德宗也潸然涕下，道：“事已至此，朕如何是好？”

李泌说：“此大事，愿陛下慎重。陛下广布圣德，使海外蛮夷皆拥戴如父母，岂能有子而疑心！臣今知无不言，不敢有所回避。自古父子相疑未有不亡国覆家者。陛下还记得昔日，建宁王为何而受诛？”

德宗说：“建宁王实在冤枉，肃宗皇帝性急，过于相信谗言。”

李泌说：“臣昔日目睹建宁之祸，故固辞官爵，誓不近天子左右，不想今日又为陛下丞相，掌理众务。

臣侍奉肃宗时，承恩无比，竟不敢言建宁之冤，临辞官归隐时，才敢开口，肃宗亦后悔而泣。先帝（代宗）自建宁死后，常怀危惧之心，先帝在位时臣亦背诵过《黄台瓜辞》，以防有人颠覆东宫。”德宗脸色渐渐好转，说：“朕记得此事。贞观、开元之治，也是易太子所为，何故不亡？”

李泌说：“臣正欲言之。贞观时，太子曾奉命监国，依附者众多，东宫甲士甚多，与宰相侯君集共同谋反，被发觉后，太宗使其舅与朝臣数十人共同审理，然后集百官商议。当时众人皆认为‘愿陛下不失为慈父，使太子得终天年’，太宗从之。今陛下既知肃宗性急，以建宁为冤，臣不胜庆幸。愿陛下以前车为鉴，宽限三日，细细思考后，必然会知太子并无异心。若果有不臣之举，请召大臣明义理者二十人与臣共同审讯太子左右之人，必然水落石出。如果有其事，请陛下效贞观之法，连舒王一起废；改立皇太孙，则百代之后，有天下者仍为陛下之子孙。至于开元之末，太子受诬而被杀，海内冤愤，此应百代为戒，岂可效法？况且陛下曾令太子见臣于蓬莱池（即太液池），观太子容表，并非刻厉之相，只恐柔仁有余。太子三年来，一直居于陛下寝殿之侧之少阳院，不曾在院中接待外人，不曾参预朝政，怎么会有异谋！构陷之人巧诈百端，无所不用。况且太子只是受妻母牵累。幸亏陛下告臣，臣敢以家族担保太子无罪。如果是奸佞之徒，早就趋就舒王府谋夺帝位了。”

德宗说：“这是朕家事，与卿无关，何必如此力争？”

李泌说：“天子以四海为家，臣今独任宰相之重，四海之内，一物有损，责任在臣。况且如坐视太子蒙冤而不言，臣罪大矣！”

德宗说：“看爱卿之面延至明日再议。”

李泌叩头而泣：“如此，臣知陛下父慈子孝如初。但陛下还宫后，请独自审思，不要泄露此意，否则左右欲立功而拥戴舒王，太子则危。”

德宗说：“知卿用意。”

李泌力谏之后，心下不安，不知是福是祸，回家后对家人说：“我本不乐富贵，而命与愿违，恐怕要连累你们了。”说罢，不再开口，闭门独处。

太子听说此事，派人上门谢李泌救护之恩，并表示，如果事已无法挽救，欲先饮药自尽。李泌劝止，说：

“不必忧虑。愿太子竭力尽孝敬之道。假若我不在了，事情就难以预测了。”

隔一日，德宗在延英殿单独召见李泌，流涕溅洒于栏杆之上，抚着李泌后背说：“如果不是卿忠言切切，朕今日将后悔不及了。确实如卿所言，太子仁孝，实无他心。自今以后，军国大政及朕家事都与卿议后再决。”

李泌拜贺，乘机说：“陛下圣明，察太子无罪，臣报国已毕。前几日，臣惊魂失魄，不可再受重用，愿告老还乡。”

德宗说：“朕父子赖卿成全，正欲将子孙托付于卿，使卿代代富贵，以报大德，如何要提告老之事？”

李泌只好又留在朝中。其实此举正是李泌审时度势、揣测人主之心的又一成算。固本东宫，本为好事，但德宗猜忌心重，并未完全释然。李泌若不提还乡，以德宗之狭，很可能会猜忌他居功自矜，或与太子同谋。正所谓宦门深似海，君王虎狼心。稍有不慎，千古衔恨。李泌异于群臣之处，也正在于此。

十三、凿山三门　开源节流

李泌自南岳出山入朝后，见兵兴连年，军费浩繁，府库告罄，朝廷虽然起用过几个宰臣理财，但或因刻剥太甚而招致民怨，或因宫廷倾轧而身陷囹圄（líng yǔ，牢狱），总感到独木难支，很希望有人能协助理财，以解危困。

一日，衡州地方官上报，南岳明瓒和尚神力无比，将因山峰塌陷而挡住山道、重达万斤的巨石，用脚一蹬，蹬到山底。李泌追忆往事，知明瓒和尚正是懒残法号，想到懒残身世莫测，奇才异能，于是建议德宗派遣使臣携亲笔御书，驰赴南岳，请懒残出山。

使臣好不容易访得懒残所居岩洞，走至洞口，宣言天子有诏，后边跟随的众多地方官吏、方丈长老、僧徒、道士都翘首而望，等待懒残谢恩出洞。不料，懒残不理不睬，安然盘坐于牛粪火旁，用柴棍扒寻煨芋，众人引颈而望，火中并无一物。随后，伸直腰身，踱到洞外，对着西北宫阙方向，说：“十年宰相，已与他人。”又脱口而出：

三十年来独掩关，
使符哪得到青山！
休将琐末人间事，
换我一生林下闲。

使臣命人抄录下这首辞召诗，回报德宗、李泌。此后，南岳再也没见到懒残的身影。

李泌知道懒残此举正是告诫勿赖天道，力尽人事。于是开始条理财政大事。

大唐财政五件大事——租税、漕运、宫室、官俸、兵饷，前一项为收入，后四项为支出。

关中为立国之本，帝都所在，但除八百里渭河流域堪称“天府”外，大部分地区水旱无常，土地贫瘠。国库贮存大部分要靠漕运江南数道租税支撑。巴蜀地区虽物产丰富，但蜀道难、剑阁险，所产难以外运。安史之乱后，河北诸镇擅截租税，国库常常告罄。此外,比起立国之初,国家财政支出却大为增加。太宗时,中央官员数百,长安百姓数万,王室人口简单,禁军兵精将强。每年漕运,不过一二十万石即可满足所需。

德宗时,国运已维系一百七十年,官吏膨胀数十倍,官府中执役者数十万,王室诸多王公、王孙、后妃、宦官达数万人,关中与京师禁军也达十二万余,长安城内人口众至百万。如此众多的人口,关中地狭,不足以养,只能依靠漕运,但漕运粮食,运力有限,每年京师缺粮高达一百多万石。安史之乱前,玄宗皇帝经常率后宫、百官就食于东都洛阳,风尘仆仆,来往奔波,只是因洛阳居中,水运四通,江南漕船转输便利,可减轻关中缺粮压力。当时漕运线主要有二,一谓南运,漕船先齐集扬州入斗门,待四月,渡淮水入汴河,再由汴进至黄河口,再由运河至东都;一谓北运,即溯黄河而上,过三门峡,进入潼关后,或沿广通渠或溯渭水运至京师。黄河水势湍急,尤以三门峡一带最为险恶,破舟亡命,自古为患。覆溺船只多数在此遇险,所以京师往往漕粮不继,而引起米价腾贵。

但国京帝业,本在京师,万国朝宗,百代不易。天子率百官为逐食而穿梭往返于两京,不仅鞍马劳顿,也不利于国政、边防，只有扩大漕运一条路。

德宗即位初，太仓（皇室仓库）存粮不足支十天之数，朝野上下一片惊恐，幸好宰相韩滉亲自指挥押运入京三万石漕粮，德宗才长吁一口气说：“我父子总算得救了。”可见漕运已成为朝廷安危的生命线。

李泌曾于回长安途中目睹三门纤夫艰辛险苦之状，又利用入陕抚慰达奚抱晖之机，勘察地形，访问耆老，思救急之策。

待诸事稍平，李泌便着手整顿北运。武则天时，曾调发六千军民，在三门山凿石开山，修山路以通牛车，使漕粮绕过三门砥柱改为陆运，但没有成功。玄宗时又有人建议在三门山开凿栈道，用纤夫拉船过滩，终因伤亡太多、纤夫畏险不肯应募而罢。李泌先与陕州刺史调发陕州民夫数千人，在原来所开山路的基础上继续拓宽加固，终于在三门山崖上开凿出一十八里山路，峡东西两岸设置粮仓，凡船到滩头，将粮卸下吊运入仓，或驱车山路，避开险滩，在河水平静处再装船西运入京。这样，虽然多用人工，但却减少了伤亡，同时也减少了翻船溺覆的损失，官兵都受益。

但光靠陆运，数量有限，于是李泌又率人于三门峡旁开凿一条新河，与三门峡平行。水势平，地形便利，引黄河水注入，最多时，年运量可达四百万石。德宗闻之大喜，亲自命名此河为“兴元河”。

陆运与新河，使漕米无砥柱之患。运粮船队十艘为一纲，帆樯如林，源源不绝驶过城东。德宗登楼远望，欢悦之情溢于言表，马上降旨，加李泌“大学士”称号，赐封邺侯，并主持编修国史。

漕运解决了粮荒，但开支浩繁，国用入不敷出，并未解决根本问题。每到秋季，西部、北部边境告急，吐蕃兵马东来抢麦，朝廷只好征集各道兵防秋，但兵集过多，军费无处筹措，又令德宗愁眉不展，急召李泌入殿议事。李泌胸有成竹，不慌不忙伸出三个指头来，说道：“陛下只要办好三件事，不愁军费不集。”

德宗忙问：“卿是否想出了广开财源之新策？”

李泌说：“非也！皆是节流之举。这一，朝廷蒙难以来，藩镇、州县多违法聚敛，私自截留上供租税，还巧立征敛名目，搜刮百姓。今须惩首恶之人，宣告天下，凡改过自新者，既往不咎，除地方财政按规定留足外，一律上缴中央，能征收多少就征收多少，不可操之过急。如此，国家每年可收数百万贯税钱。这二，开元天宝盛世太平，各国使者、胡商、留学生、留学僧、旅游者纷至沓来，慕大唐文物，羡长安繁华，留连不返。有客居四十年之久者。中华敬宾礼客，全由中央及地方州府供给衣粮。此辈人在京城娶妻生子、置田买宅，多达四五千人，花费甚多。应将他们或送归本国，或入籍军队，仅此一项，可省开支五十万贯。这三，可令沿边军镇屯田垦荒，先由官府支给粮种、耕牛、耕具。边地久荒，土地肥沃，耕田士兵所获必厚，官省开支而军粮有余。军心安定，国防无虞。”

德宗连连点头，立即下诏按李泌所说办理，从各中央要司到地方政府，不得有误。

李泌又建议当年募人纳粮，充实军费，政府给予相应赏赐。

德宗问李泌：“每年诸道贡献各种财物，达五十万贯，今年才三十万贯。朕虽然知道不通过国库而直接接受地方的馈赠，有失体统，但后宫用度太大，如何是好？”

李泌说：“自古天子不求私财，宫内花费能省则省，所需都应由官家支给，凡诸道贡献都应折成租税，上交国库，以免使奸吏以陛下名义盘剥百姓。”

德宗采纳了李泌的建议，国家财政果然逐年好转。又值丰稔连年，米价稳中有降。

德宗自诩为中兴之主，李泌也认定自己所为利国益民。一日，君臣二人微服私访，至城外数十里，见田间一草庐孤然而立，一老者正持锄田间，于是上前，德宗问道："老人家，今年收成如何？"老汉头也不抬，说："收成好坏百姓总是受穷。"德宗怪而问之："今圣上减轻租税，惩治贪官，募人屯田，正为了给民解困。收成好，自然所获多，怎会反倒仍受穷呢？"老农直起身上下打量了二人一番，道："看来，二位官人衣食不愁，不知民间疾苦。今圣上英明，但正税之外又有加税；惩治贪官一个，又生出十个，小民如草，任人践踏，圣人深居九重，又何以得知！"

德宗听后默然不语，李泌则步履沉重，方知利国并非全都益民，国民虽同为一体，但也时常分离。李泌对自己任相以来之所为疑窦丛生，反省再三。

正如后世有识君子所言："德宗之不能解惑，正是古来帝王之大患也。君主广施恩泽而壅塞不畅，小民穷困潦倒而下情不通，故君主恤民而民不感恩，民众愁怨而君不知晓，这正是国家众叛亲离、分崩离析的危亡之征兆。以四海之广、兆民之众，天子怎能户户俱到、家家皆访呢？”

十四、文韬武略　纵横捭阖

李泌料事如神，远谋深算，亦怀文韬武略。与张延赏同入相府。延赏自恃文章冠士林，看不起出生入死的立功将士，心胸狭隘，往往激起众怨。李泌曾加以劝解，延赏不但不感谢，反倒生出排挤李泌之心。

淮西兵叛刚被平定，德宗下诏征发淮西降兵数千人到长安以西防秋。淮西将吴法起率五千精兵应征，途中哗变，陈兵黄河南岸，虎视京师。张延赏认为李泌不懂兵法，故意劝德宗，力主命李泌率兵遏敌。李泌欣然受命，以陕虢观察使身份点兵出征。

淮西兵军旅疲劳，又乏粮草，李泌传令灵宝县（潼关东）官府供给淮西兵少许粮草。第二天已距陕州西七里，宿营。叛军的目标为西边的太原仓。李泌下令地方不必再供叛军粮草，然后从将士中选出四百勇士，分成两队，埋伏在三门峡东西二处通往太原仓山间隘道，下令说："贼兵过十队人马，东伏兵大呼击之，西伏兵亦大呼接应，只造声势，不挡道，不阻其行进，以让开半边道路为宜，跟随在敌后追杀。"

伏兵依计行事，敌军一见有路可逃，并无死战之心，前队争先逃跑，后队溃不成军，果然一战即胜。

李泌又遣部下预先召集附近村庄青年男子，手执弓、刀、瓦石，追跟在逃敌之后，与伏兵遥相呼应，追击搏杀。

又遣将士一千五百人乘夜出陕州城南门，布阵于敌必经之路，当淮西兵将误入埋伏、惊乱逃跑途中，正遇官军严阵以待，几路兵马合击溃军，大获全胜。

将士获胜回朝，论功行赏，都盛赞李泌料敌如神、用兵有方。

李泌熟谙兵法，此次不过小试牛刀。俗话说：三军易得，一将难求。当时，中国不仅内敌此起彼伏，西、北近邻吐蕃、回纥，远交大食（古阿拉伯帝国）、天竺（古印度），西南南诏国，和叛无常，彼此之间也攻战不已，矛盾重重。大唐首尾不能两顾，常顾此失彼，疲于应付。

李泌审中国与诸国形势，得出结论——吐蕃威胁最大。为平安史之乱，西北精锐边防军——朔方军，悉数调往内地，造成边防空虚，吐蕃乘机占领西域（今新疆地区），攻陷河西，又策马陇右（距京城西一百余千米），两次入长安大肆剽掠，势头正旺，大有吞并关中之势。德宗逃奔奉天时，曾借助吐蕃之军讨叛，吐蕃便乘机提出将西域之地正式划归吐蕃。虽然德宗没有同意，但事实上西域已在吐蕃控制之下，阻隔了唐朝西进之路，使"丝绸之路"一度中断。吐蕃年年待秋麦成熟时便大举侵扰，不断蚕食东疆，如不设法阻止，必定后患无穷。

大食、天竺一为西亚大帝国，一为南亚大帝国。吐蕃不仅向东拓进，也频频向西扩张，与天竺、大食争夺中亚，互有胜负。唐初西进之军曾与大食军队交锋，后吐蕃兴起，遂成远邻。天竺更是关山万重，彼此没有利害之交。

云南国号"南诏"，本臣属于唐朝，杨国忠（杨贵妃族兄）当政时，为立边功，借口南诏与吐蕃约为兄弟，发十万大军征讨。自此，南诏便叛唐依附于吐蕃。但吐蕃不断向南诏征取财物，又调发南诏兵为其打仗、防边，南诏早已不堪其苦，又多次向唐朝表示和解归顺之意。

回纥是蒙古草原上的游牧民族，与唐时好时战，安史之乱时曾助唐军收复两京，但曾杀唐使，侮辱当时为太子的德宗于陕州。德宗即位后，回纥又助叛军，使德宗被困奉天，几乎绝望。脱险后，德宗耿耿于怀，再不与回纥修好。回纥又生反悔之心，多次请求和亲，德宗一概不理。回纥因内乱日渐衰弱，已今非昔比了。

李泌观此大局，意欲近联合回纥、云南，远交大食、天竺，共同对付吐蕃，阻止吐蕃东进；但他知道德宗素恨回纥，不敢轻易进言。

上屯田安边策时，德宗曾认为此策施行后，关中必由疲弊转而富强，天下可以太平了。李泌则说：“不一定。但臣可不用中国之兵而使吐蕃自己削弱。”德宗忙问：“有何良计？”李泌知时机未到，便说：“现在臣不敢言，待麦熟之后再议。”实际是先埋下伏笔，使德宗有所准备。

数月后，边疆因缺战马告急，朝廷没有马匹来源，束手无策。德宗如坐针毡，李泌这时说道：“陛下如果用臣之策，数年之后，马价将下跌至今价的十分之一

（‘马贱于今十倍矣’）。”

德宗问：“为何？”

李泌说：“愿陛下推至公之心，屈己恕人，以国家为重，臣才敢言。”

德宗说：“卿到底怀疑什么？”

李泌说：“臣愿陛下北和回纥，南通云南，西结大食、天竺，则吐蕃不攻自困，马匹自会充足。”

德宗表示：“其他三国依卿之言，至于回纥，不用谈。”

李泌说：“臣知陛下会如此，所以不敢早言。先连回纥，今为上策，其他三国则可稍缓。”

德宗说：“卿勿再言，别事依卿，至于回纥，可留待子孙辈处置。”

李泌说：“是否因陕州曾受回纥之辱？”

德宗说：“是。韦少华等以朕之故受辱而死，朕岂能忘之。只因国家之难，无暇报仇，至于言和则万万不可。”

李泌说：“臣备位宰相，不能不言。事之可否，由陛下决定。害少华及使陛下蒙受耻辱者，乃回纥老可汗。今新可汗已为陛下报仇，杀死了老可汗，应受封赏，没有结怨之理。后朝廷大将曾杀可汗部下九百余人，可汗仍未杀朝廷使臣，有何罪呢？”

德宗说：“卿认为回纥无罪，那难道错在朕吗？”

李泌说：“臣为社稷而言。若曲从苟合，以何面目见肃宗、代宗于天上！”

德宗说：“容朕细细思之。”

李泌知道国家已危如累卵，悬之一发，这一问题解决与否，关系到国家的安危存亡。于是，李泌打破常例，连续十五次主动求见，试与德宗讨论联合回纥之事，德宗仍固执己见。

李泌只好又用老办法，对德宗说：“陛下既然不许与回纥修好，愿准臣告老还乡。”

德宗说：“朕非拒谏，不过是与卿看法不同，而引起争论，何必要离朕而去！”

李泌说：“陛下许臣言理，这确实是天下之福。”

德宗说：“朕可以屈己与回纥讲和，但不能有负于少华等死国难者。”

李泌说：“以臣观之，并非陛下负少华辈，而是少华辈负陛下也。昔日，回纥兵助讨安史叛军，肃宗但令设宴于元帅府慰劳之，并不亲自接见。可汗曾邀请臣至其营，肃宗犹不许。待大军将出发时，先帝才始与可汗相见。之所以如此，乃是因蕃族居心难测，举兵入中国之腹地，不得不严加防范。陛下蒙难时，少华辈不能深虑，反使万乘之元子（太子）径入其营，又未与之先约定相见时的礼仪，故回纥肆无忌惮。这难道不是少华辈所为置陛下于此，死不足以抵过。再者，回纥兵欲入长安时，先帝担忧百年华都毁于一旦，亲拜于回纥可汗马前阻止，回纥遂不敢入城。当时观者十万余人，皆感叹不已，说：‘广平王（代宗时为广平王）真华、夷之主也。’由此看来，先帝所屈者少，所伸者多。陛下入回纥营时，可汗母曾叱退左右，亲送陛下乘马而归，到底是陛下受屈，还是回纥受屈呢？”

马燧、李晟二位元帅都在殿上，听二人争论，都替李泌捏一把汗，因德宗一向刚愎自用，藩镇屡叛，就更不信任大臣，尤其是对立有大功的武将，戒心更大，故二人不敢插言。

德宗反倒侧身问他们二人：“俗话说，故旧不宜相逢。朕一向怨恨回纥，今闻李泌之言，朕似乎多少有些理亏，卿二人以为如何？”

二人连忙应道："如果李泌所言有理，似回纥也可宽恕。"实际二人将兵多年，都赞同李泌之议。

德宗故意说："卿二人也不站在朕一边，朕就无可奈何了。"为自己找了个台阶。

李泌又说："该怨恨的不应是回纥，而是前任宰相。今新可汗有杀老可汗之功，其国人有光复两京之勋，何罪之有？而吐蕃乘中原之灾，陷河、陇（今甘肃、青海等地区）数千里之地，又率兵入京城剽掠，使先帝蒙难陕州。而首恶吐蕃赞普（王）尚健在，国仇必报。宰相不为陛下言明，却欲与吐蕃联合夹攻回纥，这才是该怨恨的。"

德宗有些担心，道："朕与回纥结怨已久，今又提出修和，会不会遭到拒绝，为诸国耻笑呢？"

李泌说："这不必担心。今可汗即位前，臣待之颇亲厚，如果他听说臣为相提出议和，怎么会拒绝呢？臣当与他约定议和条件——第一，向陛下称臣；第二，为陛下子；第三，每次遣使不过二百人；第四，马不过千匹；第五，不能携中原人及胡商出境。五者都能如约，则圣上必许和亲。可使回纥威震北漠，旁挫吐蕃，足以快陛下平昔之心。"原来，回纥常以大量劣马强行入唐交易，又掳掠士民，故李泌约和加上第四、第五两点。

德宗说：“自回纥收复两京建功，一向与唐约为兄弟之国，今一旦屈为臣，还肯修和吗？”

李泌说：“回纥早就欲与大唐和亲，其可汗、国相一向信任臣，臣再修书一封，晓明大义，事可成。”

果然，回纥可汗很快遣使上表称儿称臣，李泌约法五事，一一从命。

德宗大喜，对李泌说：“回纥如何畏服卿如此？”

李泌说：“此乃陛下威力，与臣无关。”

德宗心里十分受用，说：“回纥已修和，如何招云南、大食、天竺等国呢？”

李泌说：“与回纥修和，则吐蕃已不敢轻易犯我边塞。次招云南，则可断吐蕃右臂。云南自汉以来臣属中国，杨国忠无故发兵征讨迫使其叛唐，而臣服于吐蕃。吐蕃对其百般盘剥，其受苦积怨，无一日不思复为唐臣也。大食雄踞西域，自葱岭尽西海，方圆数万里，国土半天下，与天竺皆慕中国文明，世代与吐蕃为仇，臣知三者一招即至。”

李泌此论，可谓纵观天下，横论四海，避免了吐蕃吞并之危，使唐朝在内外交困、处在几大势力拉锯的夹缝中，拓开一条生路。

十五、蓝关逆旅　终归道山

德宗贞元五年（公元 789 年），中使林远奉召宣慰荆州驻军，回京途中，在蓝关（距长安东南一百千米，后改称蓝田关，为入京之重要关隘）官驿夜宿。翌日天将晓，林远便匆匆起身赶路，至关口附近，忽见李泌单骑常服，出关往东，神色惨然，林远怪而问之："宰相欲往何处？"李泌回道："我今暂往衡山。受四朝天子恩遇，无以报答。可惜尘缘已尽，人事已了，当奉天道。"林远不解，但李泌已疾驰远去，不复回首。

林远入长安，方闻李泌于当晚子夜仙逝。林远将蓝田关之巧遇奏上德宗，德宗不禁怆然，说："先生曾自言，当匡佐四圣而复脱屣。此言今日应验。"

李泌弥留之际，知自己人寿将终，但似有不解之惑，故始终不肯瞑目。心中默念：懒残许我十年宰相，似任期未尽，恐有负于圣上。忽听耳边有人语：“大唐多难，带相衔者伪滥，皆非真宰相。必委以政事，托寄腹心，方为真宰相。肃宗、代宗任用，皆无宰相名号，但运筹帷幄，决断千里，此正为真宰相也。如此算，你居相位远过十年，此时不归，更待何时？”

李泌想想，七岁入宫，今已年届六十八岁，人世甘苦，均已尝遍。随即释然闭目，但觉先是气若游丝，后觉魂魄出窍，径直往衡山方向去了。

停灵三日，朝野举哀。家人献上李泌生前所著《明心论》一册，德宗阅后，叹道：“先生心如明镜，目如秋水，静潜人世，外养身性，百年不遇如此贤相，上天何夺爱至速，不令朕君臣相偕共老。”

后世史家评论李泌说：“李泌出入禁中，历事四君，数为权佞所陷，终以智免。常纵横大言，持黄、老、鬼神之说，世人以为轻薄，实还是用智。泌于肃、代父子之间，论复兴形势，言无不效，及李辅国、张氏构陷代宗，言无不行。元载之谗，善于自免，可谓智也。至于与德宗论天下事，若指掌上。以肃宗、代宗信重李泌，而终不肯居相位，以德宗之猜忌而竟然当之，亦智也。洁身远害，量而后入，谏行言听，智略无方，弘济中兴，历朝贤相，无有如此大智者！”

据民间传说，后世有人游衡山，仍隐约见到似李泌者乘鹤升飞。李泌子李繁在南岳左侧修建的邺侯书院，内藏李泌生前所读诗书三万余卷，如有想修得奇贤、奇智者不妨入内闭门修炼，披阅数载，说不定会得李泌点化，做出一番惊天地、泣鬼神的伟绩，名垂青史。

附录　邺侯外传

〔唐〕李繁 撰

上卷

李泌，字长源，赵郡中山人也。六代祖弼，唐太师。父承休，唐吴房令。休娶汝南周氏。初，周氏尚幼，有异僧僧伽从泗上来，见而奇之。且曰："此女后当归李氏，而生三子。其最小者，慎勿以紫衣衣之，当起家金紫，为帝王师。"及周氏既娠，凡三年方寝而生泌。生而发至于眉。先是周每产必累日困惫，惟娩泌独无恙，由是小字为顺。泌幼而聪敏，书一览能诵。六七岁，学属文。

开元十六年，玄宗御楼大酺。夜，于楼下置高座，召三教讲论。泌姑子员俶，年九岁，潜求姑备儒服，夜升高座，词辩锋起，谭者皆屈。玄宗奇之，召入楼中，问姓名，乃曰："半千之孙，宜其若是。"因问外更有奇童如儿者乎，对曰："舅子顺，年七岁，能赋，敏捷。"问其宅居所在，命中人潜伺于门，抱之以入，戒勿令其家知。玄宗方与张说观棋，中人抱泌至，俶与刘晏皆在帝侧。及玄宗见泌，谓说曰："后来者与前儿迥殊，仪状真国器耳！"说曰："诚然。"遂命说试为诗，即令咏方圆动静。曰："愿闻其状。"说应曰："方如棋盘，圆如棋子，动如棋生，静如棋死。"说以其幼，仍教之曰："但可以意虚作，不得更实道棋子。"泌曰："随意即甚易耳！"玄宗笑曰："精神全大于身。"泌乃言曰："方如行义，圆如用智，动如逞才，静如遂意。"说因贺曰："圣代嘉瑞也。"玄宗大悦，抱于怀，抚其头，命果饵啖之。遂送申王院，两月方归，仍赐衣物及綵数十。且谕其家曰："年少恐于儿有损，未能与官，当善视之，乃国器也。"由是张九龄邀至宅，令其子均、垍相若师友，情义甚狎。张九龄、贺知章、张廷珪、韦虚心见皆倾心爱重。贺知章尝曰："此稚子目如秋水，必当拜卿相。"张说曰："昨者，上欲官之，某言未可。盖惜之，待其成器耳！"

当其为儿童时，身轻能于屏风上立、薰笼上行。道者云：十五岁必白日升天。父母保惜，亲族怜爱，闻之皆若有甚厄也。一旦空中有异香之气及音乐之声，李氏之血属必迎骂之。至其年八月十五日，笙歌在室，时有彩云挂于庭树，李氏之亲爱乃多贮蒜齑至数斛，伺其异音奇香之至，潜令人登屋，以巨杓扬浓蒜泼之，香乐遂散。自此更不复至。后二年，赋《长歌行》曰：

> 天覆吾，地载吾，天地生吾有意无？不然绝粒升天衢，不然鸣珂游帝都。焉能不贵复不去，空作昂藏一丈夫！一丈夫兮一丈夫，平生志气遂良图，请君看取百年事，业就扁舟泛五湖。

诗成，传写之者莫不称赏。张九龄见，独诫之曰："早得美名，必有所折，宜自韬晦，斯尽善矣。藏器于身，古人所重，况童子邪！但当为诗以赏风景、咏古贤，勿自扬己为妙。"泌泣谢之。尔后为文，不复自言。九龄尤喜其有心，言前途不可量也。又尝以直言规讽，九龄感之，遂呼为小友。九龄出荆州，邀至郡。经年，与游东都别业。遂游衡山、嵩山，因遇神仙童相真人羡门子安期先生，降之羽车，幢节流云，神光照灼山谷，将曙乃去，仍授以长生羽化服饵之道，且戒之曰："太上有命，以国祚中危，朝廷多难，宜以文武之道佐佑人主，功及生灵，然可登真脱屣耳。"自是多绝粒咽气，修黄光谷神之要。及归京师，宁王延于第，玉真公主以弟呼之，特加优异。常赋诗，必播于王公乐章。及丁父忧，绝食哀毁。服阕，复游嵩、华、终南，不顾名禄。

天宝十载，玄宗访召入内。献《明堂九鼎议》。应制作《皇唐圣祚文》，多讲《道德经》。肃宗为太子，敕与太子诸王为布衣之交。寻为杨国忠所患，以其所作《感遇诗》讽及时政，构而陷之。诏于蕲春安置。

天宝十二载，母周亡，归家。太子诸王皆使吊祭。寻禄山陷潼关，玄宗、肃宗分道巡狩。泌常窃赋诗，有兴复志。虢王巨为河洛节度使，使人求泌于嵩山间。会肃宗手札至，虢王备车马送至灵武。肃宗延于卧内，动静顾问，规画大计，遂复两都。泌与上，寝则对榻，出则联镳。代宗时为广平王，领天下兵马元帅，诏授侍谋军国、天下兵马元帅府行军长史、判行军事，仍于禁中安置。崔圆、房琯自蜀至，册肃宗为皇帝，并赐泌手诏衣马枕被等。既立大功，而幸臣李辅国害其能，将不利之。因表乞游衡岳，优诏许之，给以三品禄俸。山居累年，夜为寇所害，投之深谷中，及明，亦攀缘他径而出，为稿叶所籍，略无所损。

初，肃宗之在灵武也，常忧诸将李、郭等皆已为三公宰相，崇重既极，虑收复后无以复为赏也。泌对曰："前代，爵以报功，官以任能。自尧舜以至三代，皆所不易。今收复后，若赏功，茅土不过二三百户、一小州，岂难制乎？"肃宗曰："甚善。"因曰："若臣之所愿，则特与他人异。"肃宗曰："何也？"泌曰："臣绝粒无家，禄位与茅土皆非所要。为陛下帷幄运筹，收京师后，但枕天子膝睡一觉，使有司奏客星犯帝座、一动天文足矣。"肃宗大笑。及南幸扶风，每顿，必令泌领元帅兵先发。清行宫，收管钥、奏报，然后肃宗至。

至保定郡，泌稍懈，先于本院寐。肃宗来入院，不令人惊之。登床，捧泌首置于膝。良久方觉。上曰："天子膝已枕矣，克复之功当在何时，可促偿之。"泌遽起谢恩，肃宗持之不许。因对曰："是行也，以臣观之，假九庙之灵，乘一人之感，当如郡名，必保定矣。"既达扶风，旬日而西域、河陇之师皆会，江淮庸调亦相继而至。肃宗大悦。

又，肃宗尝夜坐，召颍王等三弟同于地炉罽毯上，以泌多绝粒，肃宗每为自烧二梨以赐泌。时颍王恃恩固求，肃宗不与。曰："汝饱食肉，先生绝粒，何乃尔耶？"颍王曰："臣等试大家心，何乃偏耶！不然，三弟共乞一颗。"肃宗亦不许。别命他果以赐之。王等又曰："臣等以大家自烧，故乞，他果何用！"因曰："先生恩渥如此，臣等请联句以为他年故事。"颍王曰："先生年几许，颜色似童儿。"其次信王曰："夜抱九仙骨，朝披一品衣。"其次汴王曰："不食千钟粟，惟餐两颗梨。"既而，三王请成之。肃宗因曰："天生此间气，助我化无为。"泌起谢。肃宗又不许，曰："汝之居山也，栖神幽林，不交人事。居内也，密谋筹运，动合玄机，社稷之镇也。"泌恩渥隆异，故元载、辅国之辈嫉之若仇。

代宗即位，累有颁赐，中使旁午于道，号天柱峰中岳先生，赐朝天玉简。无已，征入翰林。元载奏以朝散大夫检校秘书少监为江西观察判官。元载伏诛，追入京师。又为常衮所嫉，除楚州刺史。未行，改丰朗二州团练使兼御史中丞。又改授杭州，所至称理。

兴元初，征赴行在，迁左散骑常侍。寻除陕府长史。先陕虢防御使陈许戍卒三千，自京师逃归，至陕州界，泌潜师险隘，尽破之。又开三门陆运一十八里，漕米无砥柱之患，大济京师。二年六月，就拜中书侍郎、平章待制、崇文馆大学士，修国史，封邺侯。时顺宗在春宫，妃萧氏，母部国长公主，交通于外。上疑其有他志，连坐贬黜春宫数人，皇储危惧。泌周旋陈奏，德宗意乃解。颇有谠正之风。

五年春，德宗以二月一日为中和节。泌奏令有司上农书，献穜稑之种，王公戚里上春服，士庶往来相问，村落作中和酒，祭勾芒神以祈年谷。至今行之。泌旷达敏辩，好大言。自出入中禁，累为权臣所挤。恒山召对，以言论纵横，上悟圣主，以跻相位。是岁三月薨，赠太子太傅。是月，中使林远于蓝关逆旅，遇泌单骑常服，言暂往衡山，话三朝之旧，惨然久之而别。远到长安，方闻其薨。德宗闻之，尤加怆异。曰：“先生自言，当历佐四圣而复脱屣也。斯言验矣。”

下卷

泌自丁家艰，无复名宦之意。服气修道，周游名山，诣南岳张先生受箓。德宗追谥张为玄和先生。又与明瓒禅师游，著《明心论》。尝于衡岳寺读书，余懒残所惊，曰“非凡人也。”听其中宵梵唱，响彻山林。泌颇知音，能辩休戚，谓：“懒残经音，先悽怆而后喜悦，必谪堕之人，时将去矣。”候中夜，潜往谒焉。懒残命坐，发火出芋以啖之。谓泌曰：“慎勿多言。领取十年宰相。”泌拜而退。

天宝八载，在表兄郑叔则家，已绝粒多岁，身轻能行屏风上，引指使气，吹烛可灭。每导引，骨节皆珊然有声。时人谓之锁子骨。在郑家时，忽两日冥然不知人。既寤，见身自顶踊出三二寸。傍有灵仙，挥手动目，如相勉励者。如是足将及顶，乃念烟火事未毕，复有庭闱之恋，愿申家事。于是在傍者皆散走。一人仪状甚巨，衣冠如帝王者。前有妇人，礼服而跪，如帝王者责曰：“情之未得，因欲令来，使劳灵仙之重。”跪者对曰：“不然。且教伊近天子。”于是遂寤。

后二岁，为玄宗所召。后常有隐者八人，容服甚异，来过郑家。数日，言仙法严备，事无不至。临去叹曰："俗缘意未尽，可惜心与骨耳！"泌求随去。曰："不可。姑与他为却宰相耳！"出门不复见。因作八公诗叙之。复有隐者，携一男六七岁来过。云有故须南行，旬月当回。缘此男有痢疾，既同是道者，愿且寄之。又留一函曰："若疾不起，望乞以瘗之。"既许，乃问男曰："不骄留此得乎？"曰："可。"遂去。泌求药疗之，终不愈，八九日而殂。即以函盛瘗庭中蔷薇架下。累月，其人竟不回。试发函视之，有一黑石，天然中方，上有字如锥画，云："神真炼形年未足，化为吾子功相续。丞相瘗之刻玄玉，仙路何长死何促。"泌每访隐选异，采怪木蟠枝，持以隐居，号曰"养和"。人至今效而为之，乃作《养和篇》以献肃宗。

泌到三四载，二圣登遐，代宗践祚。乃诏追至阙，舍于蓬莱延喜阁，由给事以上及方镇除降，代宗必令商量，军国大事亦皆泌参决。因语及建宁王灵武之功，请加赠太子，代宗感悼久之，云："吾弟之功，非先生则世人不知，岂止赠太子也！"即敕于彭原迎丧，赠承天皇帝，葬齐陵，引至城门，奏以龙辅不动。代宗自蓬莱院谓曰："吾弟是欲见先生，宜速往酹祝，兼宣朕意。且吾弟定策大功，追此大号，时人未知，可作一文，以传不朽，用慰玄魂。"泌曰："已发引矣。他文不及，作挽歌词可乎？"代宗曰："可。"即于御前制之，词甚悽怆，代宗览之而泣，命中人驰授挽者。泌至，宣代宗命，祝酹，歌此二章，于是龙辖行疾如飞，都人睹之，莫不感涕。先是，建宁王倓有艰难定策之功，于代宗为弟，人或谮于肃宗，云有图嗣害兄之心，遂遇害。及肃宗追思倓无罪，泌虑复及诸王，因事言曰："昔高宗有子八人，皇祖睿宗最幼。武后生者自为行第，故皇祖第四。长曰孝敬皇帝，监国而仁明，为武后所忌，而鸩之。次曰雍王贤，为太子。中宗、睿宗常所不安，朝夕忧惧，虽父母之前无由敢言。乃作《黄台瓜词》，令乐人歌之，欲微悟父母之意，冀天皇天后闻。歌之曰：'种瓜黄台下，瓜熟子离离。一摘使瓜好，再摘令瓜稀。三摘犹尚可，四摘抱蔓归。'然太子竟亦流废，终于黔州。建宁之事已一摘矣，慎勿再摘。"肃宗曰："先生忠于社稷，忧朕家事，言皆为国龟鉴，岂可暂离朕耶！"

时玄宗有诰，只要剑南一道自奉，未议北回。泌请肃宗奉表请归东宫，次作《功臣表》，述马嵬、灵武之事，请上皇还京。初，肃宗表至，玄宗徘徊未决。及功臣表至，乃大喜曰:“吾方得为天子父。”下诰定行日，且曰:“必李泌也。”肃宗召泌，且泣且喜曰:“上皇自下诰还京，皆卿力也。”

又天宝末，员外郎窦庭芝分司洛邑，常敬事道者葫芦生。每言吉凶，无不中者。一旦侵晨，生至窦门，颇甚嗟叹。庭芝请问良久，乃言:“君家大祸将成。”举家啼泣，请问求生之路。生曰:“若非遇黄中君，但见鬼谷子，亦可无患矣。”生乃具述形貌服饰，仍戒以浃旬求之。于是与昆弟群从奴仆群行求访遍于洛下。时泌有居于河清，因省亲友策蹇入洛，至中桥遇京尹，避。所乘骡忽惊轶而走，径入尹之所居，与仆者共造其门，车马罗列将出，忽见泌，皆惊愕而退。俄有人云:“分司窦员外宅所失骡，收在马厩，请客入座，主人当愿修谒。”泌不得已，就其厅。庭芝既出，降阶再拜，延接殷勤，遂至信宿，至于妻子，咸备家人之礼。数日告去，赠遗殊厚。但云遭遇之辰，愿以一家奉托。时泌居于河清，信使旁午于道。庭芝初与泌相值，葫芦生适在其家，云:“既遇斯人，无复忧矣！”及朱泚构逆，庭芝方廉察陕西。车驾出幸奉天，遂于贼庭归款，銮舆反正，德宗首令诛之。时泌自南岳征还行在，便为宰相。因第臣僚罪状，遂请庭芝减死，德宗意不解。云："卿以为宁王姻懿邪？（宁王以庭芝妹为妃）以此论之，尤为不可。然莫有他事，俾其全否。卿但言之。"于是具以前事闻，由是特原其罪。泌始奏，上密遣中使乘传于陕问之，窦录奏其事。德宗曰："言黄中君，盖指于朕邪！未知呼卿为鬼谷子，何也？"泌曰："先茔在河清谷前，鬼谷恐以此言之也。"

兴元四年二月，德宗谓泌曰："朕即位以来，宰相皆须姑息，不得与其较量道理。自用卿以来，方豁朕意，是乃天授卿于朕耳！"虽夷吾仲父傅说霖雨何以及兹。其军谋相业，载于国史。事迹终始，具《邺侯传》。泌有集二十卷，行于世。

参考文献

[1]《旧唐书》卷一三〇《李泌传》

[2]《新唐书》卷一三九《李泌传》

[3]〔唐〕李繁:《邺侯外传》

[4]《太平广记》卷三八《李泌》(引自《邺侯外传》)

[5]《全唐诗》

[6]《全唐文》

[7]《资治通鉴》

[8]《通鉴考异》

[9]《唐国史补》

后 记

本书原名《朝野双栖——唐代奇相李泌》，初版为1996年，云南人民出版社出版，“中国奇人丛书”之一，很快售罄。记得我于21世纪初专门搜寻此书，在琉璃厂某书店（店名已然忘记）发现尚有存书12册，于是悉数购得，辗转若干年，好像自己也仅存一册了。既然为突出一个“奇”，撰写时就没有按照纯学术的笔法，而是以史料为依托，进行了适当演绎和联想，也加入了作者的推理、揣测、阐发和评述，完整地拼接和勾连，使人物更鲜活和具有立体感。李泌所处的风云诡谲之时代、李泌本人一波三折之传奇经历，也都体现在字里行间了。但基本史实和历史背景尽可能尊重历史。

时隔23年再次出版这本小书，感慨良多。这次再版，修订了个别错漏，增加了附录——李泌子李繁撰写的《邺侯外传》，增加了参考文献，以利读者，但未注明版本，有感兴趣者可各随所欲，不必拘于格限。

感谢北京师范大学历史学院推出的“通古察今”系列丛书，感谢河南人民出版社及责编的辛勤劳动。

宁欣　谨识

2019 年 3 月